大展好書　好書大展

品嘗好書　冠群可期

大展好書　好書大展
品嘗好書　冠群可期

武術特輯
124

陳氏太極拳
精選套路四十八式

附 VCD

王振華　編著

大展出版社有限公司

作者簡介

　　王振華，男，山東省菏澤市人。1944 年出生於教育、武術世家。5 歲開始隨家父習梅花拳，積累了深厚的武術功底，隨後逐步學習了地方傳統拳種。1964 年就讀於北京建築工業學院。畢業後在國家建委建設公司安裝工程處工作。退休於菏澤學院。

　　現任山東省武術研究會會員、山東省氣功研究會特約研究員、山東省菏澤市武術研究會總教練、菏澤市太極拳研究會副主席兼總教練。在北京學習和工作期間習練陳照丕先生傳承的陳氏太極拳，1967 年隨陳氏太極拳宗師陳照奎就學，幾十年寒暑不易。退休後，致力於太極文化的研究和傳播。多次參與國際武術太極拳交流活動，對運動員進行輔導工作。

　　2006 年作爲中國國家武術隊隊員在鄭州國際武術節的比賽中獲得陳氏太極拳、太極劍雙冠軍。

　　2007 年應邀作爲中國傳統武術代表團團員出訪日本。

拳雖小技，

　　大道存焉

　　　　　　——陳　鑫

前　言

　　陳氏太極拳精選套路包括了陳氏太極拳第十七代傳人陳發科所定、第十八代傳人陳照奎所傳的第一路所有拳式及連接。去除了重複的動作，重新調整了動作次序，使其更加適合一般人的晨練、表演和競賽的要求。

　　套路結構嚴謹，布局合理，難度適中，起收勢在同一方位，強度可隨個人的愛好而調整，晨練以七八分鐘爲宜，競賽可在五六分鐘之間。

　　套路中有極個別的連接動作是老師所傳的方法，是爲協調套路而列入的。

　　此套路產生於 20 世紀的 60 年代。當時在學校時間比較緊，就將大段的重複動作加以調整，逐步形成了這個自己練習的套路。那時候我向陳照奎老師匯報了此事，老師表示同意。後來我在工作中陸續向同事介紹了這個套路，他們也覺得很方便。尤其是年輕的同事更加喜愛。我也曾用這個套路進行過表演。

　　此精選套路因動作全，能滿足想多學的要求；因大段的組合沒有改動，所以風格原汁原味；因無大段的重複動作，便於一般人的晨練；因動作的調整，符

合了競賽套路的編排原則。

　　雖然這個套路便於競賽和表演，但是作爲練功，還是應當練習完整的一路太極拳。因爲一路太極拳是先輩練功的結晶，其合理程度是無可比擬的。

　　本書皆在介紹套路，對於拳理、功法等理論不作過多地闡述。

目　錄

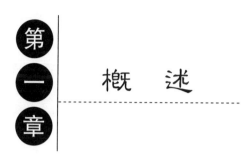

概 述

習練太極拳應心靜體鬆，以意識引導動作，注意開合旋轉、意氣出入，方能漸入佳境。由「尊規矩而不泥規矩」至「脫規矩而自中規矩」，是其進階。非有「終日乾乾」之功而不能！

學者知之，則無浮躁之心而修養有成。

(一)套路結構

該套路分為五段，起收勢在同一方位。

第一段：

由起勢至第五式單鞭構成。陳氏太極拳一、二路均由此五式作為開端，體現陳氏太極拳的本來面貌。

第二段：

由第六式的雲手至第二十式的三換掌共十五個動作構成，動作順序和陳氏太極拳第三十一式至四十五式相同，集中體現了陳氏太極拳的腿法，運動的難度、強度較高。

其中在雲手一式的組合中，加進了轉身雲手的練法，使得在表演和比賽時能更好地體現陳氏太極拳以及運動員

的風格。

第三段：

由第二十一式的擺蓮跌叉至第三十三式的單鞭構成。是陳氏太極拳五十九式至六十七式加上過渡的一個組合，主要體現了陳氏太極拳的倒身法、高身法、低身法、橫擺腿法等。

第四段：

由三十四式的前招至三十九式的金剛搗碓構成。是陳氏太極拳中以玉女穿梭為主的跳躍動作，運動的難度、強度有所提高。

第五段：

由四十式的披身捶至四十八式的收勢構成。體現了太極拳的背身法和傳統的結束動作組合。

此套路的動作及動作組合皆是陳氏太極拳的本來動作。只有極個別的幾個銜接動作與一路拳稍有不同，是老師所傳的變著，為協調此套路而列入。

在表演和比賽時，可根據情況調整功架的高低、快慢、剛柔的對比及難度進行選擇。

（二）技術特點

陳氏太極拳來源於武術、導引、吐納，以傳統的陰陽五行學說、易經、經絡學說為理論，以儒家經典為心法，頤養中和之氣。運動時純由丹田潛轉，由靜而動，動中求靜。顯於外，快慢相間，動靜相生，開合有致，剛柔互變，氣韻徊寰，動作纏繞。隱於內，氣血循經走脈，敷於

骨肌之間。

心靜，頤養中和元氣，於泯泯之中一點靈意，起於丹田，自然而然，純以意思運行，一絲不假強為，強為者皆不是太極。浩氣流行，如九曲之珠，無微不至。周中規，折中矩，以至於不泥；脫規矩而自中規矩，來源於守拙。寓天地之覆載，仿日月之流行，習萬物之生生不己，是其心法。

(三)學習方法

學習陳氏太極拳精選套路應根據具體情況制定自己的學習計畫。一般說來可分四個階段，供練習者參考。

1. 根據書中所附的光碟學習基本功和套路

書中所附的光碟中含有陳氏太極拳精選套路的基本功、套路正反面的演示、單個動作的教學三部分。

學習者應先看上一至兩遍，有了大致的印象後，根據先易後難、循序漸進的學習原則，首先學習基本功和單個的動作。然後跟著光碟將套路模仿下來。初步地掌握陳氏太極拳精選套路。並在此過程中提高自身的身體素質和專項素質。

在此階段，不必要求過高，能夠練下來就可以進行下一階段的學習了。

2. 根據書中的介紹進一步學習

在初步了解套路和基本功的基礎上，對照書本，對疑

難的動作進行深入的學習。開始疑難的動作很多，可以逐步的一個一個的學習，直至整個套路。

在此過程中也不必太細，以掌握好動作的基本功架和動作的基本路線為主。需要注意的是，書中的動作說明比較細緻，動作分解也多，是全面的練習方法，適合單練和深入地研究。

在套路裡動作的節奏和剛柔、開合的處理是有一定變化的，可根據自身的條件逐步做到。

3. 以意識引導動作眞正嘗試太極拳的運動

經過以上兩個階段的摹仿和學習，已經能夠將太極拳比畫下來了，身體素質也有了一定的提高，但還不是真正的太極拳。

真正的太極拳是要在心靜體鬆的狀態下以意識引導動作，身形中正安舒，運動以腰脊為原動力，力求做到一動無不動、節節貫穿的纏絲運動。練習者可從幾個較熟悉的動作練起，在不失要領的前提下逐步地擴大到一段、幾段，以至於整個套路。然後反覆地體驗，漸漸的在身心中有所得，也就是漸入佳境的開始。

4. 調呼吸、用意識的丹田內轉運動

初學太極拳時呼吸要求自然，動作不熟練不必配合呼吸。否則會導致動作緊張，達不到心靜體鬆的要領。經過以上三個階段，可以逐漸地使動作和呼吸相配合。由少到多，總以自然為主，終能過渡到呼吸和動作協調如一，這是更加高級的自然而然的呼吸，是由鍛鍊而獲得的由必然

王國到自由王國過渡的結果。

在此階段，以腰脊為主的腹部運動亦趨向更高級的階段。身法的折疊、開合已脫去了外表的形式；丹田內轉使得內勁出入更加流暢；柔化剛發，內勁彈抖已不再是弄勁的發力；生理上、心理上的感覺和現象日趨明顯。達到「功欲罷不能」的境界，此時方可稱為修練太極拳的地步。

（四）作　用

太極拳是中華民族文化的產物，是中華民族文化的瑰寶，在太極拳的豐富內涵裡折射出民族文化的方方面面。常習太極拳可使練習者沉浸在民族文化的神韻和體驗之中，陶冶情操，修養身心，淨化靈魂，潛移默化於自然而然的太極運動。青少年習它，有利於身心的發育和成長；中年習它，可使人精力旺盛，有利於工作、學習；老年人習它，可以豐富志趣，安享天倫。所以，有「拳雖小技，大道存焉」之語。

至於太極拳的健身作用和治療作用早已為社會所共識，隨著科技醫療技術的發展，這些方面將會有更多的發現。

太極拳來源於武術，它的技擊和健身作用更是為廣大的青年人所喜愛，太極拳精選套路由於結構緊湊，運動量較大，更為青年人所首選。20世紀70年代初，向年輕人推出時頗受歡迎。

套路功法

　　套路功法是培養和鍛鍊身心素質的練習方法，簡稱功法。與基本功、基本方法不同，習練功法是在心靜體鬆，以意識引導軀體動作的前提下進行的。在此過程中，練習者肌體的神經中樞和神經末梢感受器、效應器之間連續不斷地產生反饋活動，使得大腦皮層的動態平衡能力達到更加穩定的狀態。而練習者的心理品質、生理素質及運動系統的工作能力得到進一步的鞏固和提高，日積月累，練習者的身心素質和運動技能會達到一個新的水準，即傳統的「神滿氣足」的狀態。武術諺語中有「練拳不練功，到老一場空」的說法，說明了功法的重要性。

　　功法是太極拳術套路的運動基礎，太極拳套路又是功法的綜合體現，二者相輔相成。練習者應二者並重，不可輕此薄彼。

　　但是練習功法應有適當的方法，否則收效不大或適得其反。應遵循全面、系統、循序漸進、區別對待的鍛鍊原則。對於每一個練習者，都應考慮到年齡、身體素質、性別等因素，制定出個人的練習計畫，方能有所收益。

　　功法的內容、形式、方法很多，僅選取和此套路練習

有重要關係的幾個供學者參考練習。這些功法在幾十年的檢驗中，不僅能較快地增進功力，提高各項素質，而且對各項疾患有很好的治療作用，尤其是對因運動方法掌握不當而引起的膝關節疼痛更加有效。

（一）無極、太極樁——無極式（太極式）

在神態安逸的狀態下自然開立，全身放鬆，兩腳與肩同寬，鬆胯，屈膝，五趾平放在地面上，腳心空，湧泉穴要虛。頭頂百會穴與襠部會陰穴如一線貫穿，垂直於地面。重心放於兩腳之間。脊柱自然直立，頂勁虛虛領起，小腹自然放鬆，胸部含蓄，呼吸平和自然（圖1）。

心境虛靈，一念不起，一塵不染，此為無極狀態。是一切功法的基礎，本身也是一種重要的功法。

在無極式的基礎上，心中一點意念降落在小腹之中，淡淡守之，兩腳似與地面相接引，周身虛靈，此為太極式，也是一種重要的功法狀態。

根據自己的條件，由無極而太極，分別站立一定的時間，此為無極樁功和太極樁功，對習練太極拳和調整身心有很大的益處。

圖1

(二)周天運轉法

①由太極式，兩足並起，兩膝相靠，兩手徐徐在身前交叉上移，漸至頭頂上方，兩手合掌，呼吸平和自然。意念隨兩掌上行，由兩掌手指指向天空。此時，足跟不離地，足跟和手指分別向地下和天空有兩奪之勢，使身體自然拉伸（圖2，圖3）。

②足跟提起，手指和腳尖分別向地下和天空有兩奪之勢，拉伸身體，吸氣，收腹，提肛。稍停，在全身放鬆的同時，兩足跟自然落下，呼氣，身心、意念下沉。如此可反覆幾次（圖4）。

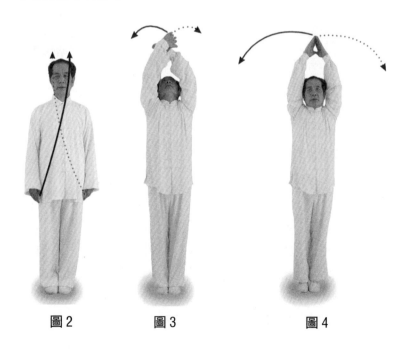

圖2　　　　　圖3　　　　　　圖4

圖5　　　　　　　　　　　圖6

圖7　　　　　　　　　　　圖8

　　③兩臂從肩關節處外轉，呈兩手心向外。上身保持直立狀態，兩胯放鬆屈膝漸漸下蹲，兩臂隨之如鳥翅在身體兩旁下落至地面。此時意氣隨之下沉，呼氣（圖5，圖6）。

　　④兩臂合抱兩膝，低頭於兩膝之上，形如嬰兒於母體之中，呼盡身中殘留餘氣（圖7，圖8）。

圖 9　　　　　　　　　　　圖 10

圖 11　　　　　　　　　　　圖 12

⑤ 兩腳、兩膝分開，兩手抱頭，低頭俯身彎曲，兩肘
盡量接近兩腳。然後兩手放於兩腳，徐徐抬頭前伸，使整
個脊柱由頸椎到骶尾椎節節向後返躬，閉嘴用鼻吸氣，細
細納入小腹，此為龜吸長壽功。意念在於椎體的節節伸展
（圖9，圖10，圖11，圖12）。

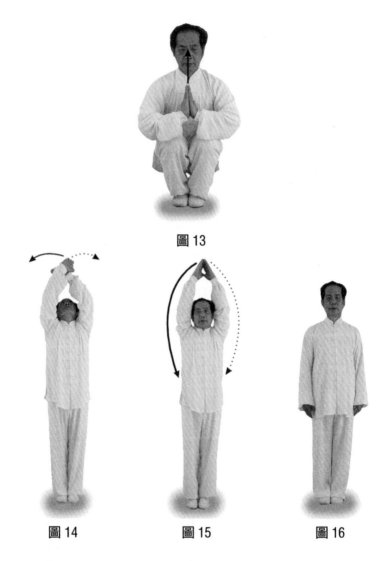

圖13

圖14　　　　圖15　　　　圖16

⑥ 上身正直，兩手合於胸前，稍停（圖13）。

⑦ 兩膝慢慢伸直立起，隨之兩手在胸前上穿至頭頂。此時身體已直立如動作①。此動作在做時有幼芽破土生長

之勢（圖14，圖15，圖16）。

　　至此為一個循環，可做3～5個循環。

（三）丹田運轉法

① 重心不動的運轉

　　由太極式，左腳向外分開一步，呈馬步狀態，兩手相
疊，放在腹前。呼吸平穩，神態安詳。然後鬆開右胯，左
膝微裡扣，右膝微外旋，使身體沿自身的縱軸緩緩右轉45
度，稍停。然後鬆開左胯，右膝微裡扣，左膝微外旋，使
身體沿自身的縱軸緩緩左轉45度，稍停。

　　上面是右轉後還原的做法，左轉後還原的做法依然，
如此左右反覆轉動，使小腹（丹田所在部位）左右轉動
（圖17，圖18，圖19，圖20，圖21）。

圖 17　　　　　　　　　圖 18

圖 19

圖 20

圖 21

② 重心左右移動的轉動

由太極式，左腳向外分開一大步，呈右橫襠步狀態，兩手相疊，放在腹前。呼吸平穩，神態安詳。然後鬆開左胯，右膝微裡扣，左膝微外旋，使身體沿自身的縱軸緩緩

圖 22

圖 23　　　　　　　　　　　圖 24

左轉45度，同時重心左移至兩腳連線的左三分之一處。隨
後鬆開右胯，左膝微裡扣，右膝微外旋，使身體沿自身的
縱軸緩緩右轉45度，重心不動，呈左橫襠步狀態（圖22，
圖23，圖24）。

圖 25 　　　　　　　　圖 26

　　上面是由右橫襠步轉左橫襠步的做法，由左橫襠步轉右橫襠步亦然，只是左右相反（圖25，圖26）。

　　在此過程中，小腹（丹田所在部位）左右轉動，可做多次練習。

（四）纏絲練習

① 右手練習

　　由太極式開始，身腰微右下轉變左上轉45度，兩腿左逆右順纏變左順右逆纏；左腳尖外轉45度，隨後右腿畫裡弧放於左腳前，腳尖點地，重心走下弧移於左腿；兩手微左順右逆纏變左逆右順纏，右手微沉，畫裡下弧放於左胸前，左手配合右手在左腰側合住勁，右手手心向左上，指尖向右前，左手手心向下，指尖向前，眼看右側方（圖

圖27   圖28

27，圖28）。

　　身腰微左下沉變右轉180度，提右腿插於左腿後，足尖先點地後足跟右後轉落地，左腿以足跟為軸，足尖隨右足跟落地裡扣；同時右手順變逆纏隨身轉動向右後畫弧橫於胸前，手心向外。左手逆變順纏配合右手隨身轉動於腹前，右手手心向外指向左，左手手心向右上反折腕指向左下，眼看前兼顧左右，耳聽身後（圖29，圖30）。

　　身腰繼續右後轉180度，同時右腳以腳跟為軸腳尖右轉約225度合於地面，左腳隨之提起以腳尖落於右腿旁；右手繼續隨身右轉停於右前，高於眼平，左手繼續配合右手停於小腹前，右手手心向外反折腕指尖向左上，左手反折腕指尖向左下（圖31）。

　　身腰微左傳，意氣下沉，左腳跟落地，兩腳平行腳尖向原來的方向；右手變順纏沉腕指尖向上手心向前停於身

圖 29　　　　　　　　　圖 30

圖 31

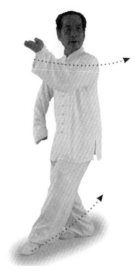

圖 32 　　　　　　　　圖 33

右，左手小逆纏配合右手停於小腹前，鬆胯，屈膝，合
襠，神態安逸（圖32）。

②**左手練習**

由右手練習開始，身腰微左下轉變右上轉45度，兩腿
左順右逆纏變左逆右順纏；右腳尖外轉45度，隨後左腿畫
裡弧放於右腳前，腳尖點地，重心走下弧移於右腿；兩手
微左逆右順纏變左順右逆纏，左手微沉，畫裡下弧放於右
胸前，右手配合左手在右腰側合住勁，左手手心向右上之間
向左前，右手手心向下，指尖向前，眼看左側方（圖33）。

以下動作與右手練習相同，方向相反，如此左右交替
練習。

【要點】動作協調，勿令間斷，充分體現以腰為軸，
一動無不動，丹田內轉的特點。注意意氣出入，纏絲需由

圖 34

圖 35

圖 36

圖 37

腰間。心靜體鬆，開合有致，無使有橫氣出現（圖34，圖35，圖36，圖37）。

基本方法

（一）手　法

　　陳氏太極拳運動以腰脊為主。手為梢節，動作纏繞回環，意氣隨動作的開合往復於指端，表現為順、逆纏絲運動。以手為例，凡以中指為軸，小指用力，大拇指合為順纏。反之，大拇指用力，小指合為逆纏。

　　運動中手型變化複雜，或為掌，或為拳，或為勾。瞬息變化，皆在運動之中。

（二）眼　法

　　陳氏太極拳注重眼法。眼是傳神之官，主宰於心，眼的主光是動作的焦點，餘光兼顧左右。

　　含蓄時含光默默，發放時急如閃電。

（三）身　法

「打拳全是耍身法」，陳氏拳的身法很多，腰、背、脊、腹、襠、臀各部皆有法度。總以立身中正，中氣領起為第一要義。丹田內轉，帶動周身，外現折疊、開合，內裡中氣上下貫通，為一體關鍵。

（四）步　法

丹田內轉下行於足，凡膝裡轉為逆纏，反之為順纏，不管順和逆，總要五趾抓地腳心空。隨重心的轉移，步形或呈類似長拳的弓步，或呈馬步，或呈橫襠步。其要全在手足上下相合，不可散漫。

四十八式動作名稱

1. 預備勢
2. 金剛搗碓
3. 懶紮衣
4. 六封四閉
5. 單　鞭
6. 雲　手
7. 高探馬
8. 右左擦腳
9. 轉身左蹬一根
10. 前蹚拗步
11. 擊地捶
12. 翻身二起腳
13. 護心捶（獸頭勢）
14. 旋風腳
15. 右蹬一根
16. 海底翻花
17. 掩手肱捶
18. 小擒（打）拿
19. 抱頭推山
20. 三換掌（含肘底捶）
21. 擺蓮跌叉
22. 左右金雞獨立
23. 倒捲肱
24. 退步壓肘
25. 中　盤
26. 白鶴亮翅
27. 斜行拗步
28. 閃通背
29. 十字擺蓮
30. 指襠捶
31. 白猿獻果
32. 小六封四閉
33. 單　鞭
34. 前　招

陳氏太極拳精選套路動作圖解（四十八式）

沿路纏綿，

靜運無慌；

骨節膚肌，

處處開張。

——陳 鑫

圖1-1

第一式　預備勢

頭頸正直，下顎微向後收，齒親合，唇輕閉，眼向前平視，頂勁虛虛領起，精神內斂，外示沉靜安逸。

含胸塌腰，立身中正，兩肩微向前捲下沉，脊背要有上下對拉拔長之意，兩臂肘隨肩微向前捲，微向兩側後彎屈，兩手中指肚輕輕貼在兩腿兩側，使兩肩、肘、腕、掌背外圍勁不失，這樣，當受外力影響，便於引化進攻。

鬆胯，開襠，兩膝微屈，使襠部有圓虛之感，兩膝有合意，兩腳五趾抓地，湧泉穴要虛，在掤勁不失的基礎上全身放鬆，意存丹田，呼吸自然；兩腳尖微向外撇，寬與肩同，成不丁不八的步型（圖1-1）。

圖2-1

【要點】此勢亦為無極式、太極式，練拳之前由無極而太極靜立一段時間，對提高練習的效率很有益處，不可輕視。

第二式　金剛搗碓

【動作一】身體微右轉螺旋下沉，重心偏左，吸氣。兩肘微屈，兩手微左順右逆纏上提至兩胯前，兩掌心向下，指尖向前下。含胸塌腰，沉肩墜肘，鬆胯，屈膝，合襠，兩腿左逆右順，右膝裡合，兩腳五趾抓地，眼視左前兼顧右（圖2-1）。

身體向左轉約50度，重心螺旋下沉的同時由左變偏右，呼氣再吸氣，同時沉肩墜肘，含胸翻腰，鬆胯，圓

圖2-2　　　　　　　　　圖2-3

襠，屈膝沉右臀，略上翻左臀。兩腿左順右逆纏，兩腳五
趾抓地腳心空，同時兩手隨身下沉，坐腕變左逆右順纏，
先略向右前下沉，再向左前上方旋轉提起，高度略低於
肩，左掌略高，右掌略低，相距約30公分，眼看前方（圖
2-2，圖2-3）。

【動作二】身體向右約90度螺旋下沉，重心由右變偏
左，吸氣。同時沉肩略墜肘，含胸塌腰，鬆胯，圓襠，屈
膝，沉左臀，翻右臀，左腿逆纏裡轉，腳掌踏實，五趾抓
地，湧泉穴要虛。

右腳順纏，以腳跟為軸，腳尖向右轉約45度後，五趾
抓地，湧泉穴要虛，同時兩手變左順右逆纏，向右外略上
旋轉領勁畫弧，左掌高與鼻尖同，右掌高於眼同。

圖2-4　　　　　　　　　　　圖2-5

　　左掌心向上，指尖偏左前方。右掌心偏右前，指尖偏左前方，兩掌相距與肩同寬。眼看兩手，再看左肘外前方，耳聽後方（圖2-4）。

　　【要領】向右後側挒時，雙臂要半圓，挒勁不失。

　　【動作三】身體繼續向右轉45度螺旋下沉，重心由左變右，吸氣。同時沉肩略墜肘，收腹吸氣，提肛，鬆胯，合襠，沉右臀略翻左臀，屈膝。右腿順纏外轉，膝裡扣，腳掌踏實，五趾抓地，湧泉穴要虛。

　　左腿屈膝逆纏裡轉，上提膝裡合，再向左前方邁步，以腳跟裡側貼地，腳尖上翹裡合，貼地鏟出。同時兩手以左順右逆纏領勁，向右側外變挒，手高度不降低，眼看左肘外前（圖2-5，圖2-6，圖2-7）。

圖 2-6

圖 2-7

【要領】要上引下進。

【動作四】身體向右微轉下沉，再向左轉約近50度螺旋上升，重心先向右移再下沉，移偏左前，先快短吸氣再呼氣，同時沉肩墜肘，含胸塌腰，鬆胯，圓襠，屈膝合，沉左臀，翻右臀，兩腿先左逆右順，再左順右逆纏，兩腳掌踏實，五趾抓地，湧泉穴要虛。

同時兩手先略左順右逆纏，再左逆右順纏下沉，左手向前上略上掤出，左臂半圓，掌心向下，指尖向右側，高與胸同，距胸約45公分。右手位在右膝右略外側，掌心向前，指尖偏右側後。眼看左前，耳聽右後方（圖2-8，圖2-9）。

圖 2-8　　　　　　　　　　圖 2-9

【要領】左臂、肘、手向前掤時，勁要足。右手順纏
要跟上，與前上手相呼應。

【動作五】身體向左轉略螺旋上升，重心左——右——
左，先吸後呼，同時沉肩墜肘，含胸塌腰，鬆胯，圓襠，
屈膝，左腿順纏外轉，膝裡扣。以腳跟為軸，腳尖略上翹
外轉約90度著地，腳掌踏實，五趾抓地，湧泉穴要虛。右
腿腳跟提，先逆纏裡轉，腳腕放鬆，再以腳尖擦地順纏裡
弧，向前跟步，虛步腳尖點地，位在左腳右前方。

同時左手由胸前逆纏向前掤變順纏，以指尖向前上
抖，（高與眼同），變逆纏走上弧，再下沉向裡合在右肘
彎處，掌心向下，指尖輕合於肘彎上，左肩沉，左臂肘外
掤勁不失。（右手領勁與右腿）由右膝上略下沉順纏向前

圖2-10　　　　　　　　　　　　　　圖2-11

上，掌心向上偏前，指尖偏前下，高度與胸部同。眼左顧右盼，耳聽身後（圖2-10，圖2-11）。

　　【要領】右手前掤，右腳隨手跟步時，身要正勿左歪右斜。

　　【動作六】身體微微右轉下沉，沉肩墜肘，含胸塌腰，鬆胯，圓襠，屈膝，右腳微順纏微上提（上下相合），腳尖點地。左腳微逆纏裡轉，腳掌踏實，五趾抓地，湧泉穴要虛。同時右臂手（沉肩墜肘）略逆纏上翻，左手同時順纏外翻，指尖點右肘彎，由裡向前外旋轉，左肩肘有向前下掤意。

　　身體繼續微微下沉，重心在左，吸氣。同時沉肩墜肘，含胸塌腰，身體略向前下合，鬆胯，合襠，屈膝，沉

圖 2-12　　　　　　　　　　圖 2-13

左臀，略翻右臀，左腿略逆纏裡轉，五趾抓地，湧泉穴要
虛。同時右腿屈膝略逆纏，腳尖提起，（上下相合）離
地。同時左手繼續順纏外翻向前下方沉，掌心向上，以小
指為主大拇指合，指尖向右側，高度在腹前中線。同時右
手逆纏變拳後經身前（高度與鼻尖同）下沉。

　　身體隨勢微右轉，胸肌放鬆，氣沉丹田，重心偏左，
呼氣，同時沉肩墜肘，含胸塌腰，鬆胯，圓襠，屈膝，沉
左肩。左腿微逆纏裡轉，腳掌踏實，五趾抓地，湧泉穴要
虛。右腿微順纏屈膝向下，右腿平面振足發勁。同時左掌
微逆纏向上。

　　右拳微順逆纏向前下沉與左掌合住。兩手在腹前約一
拳之隔，眼看前下。震右腳，手合，下沉、呼氣同時完成，
兩臂肘半圓，不要貼肋部（圖2-12，圖2-13）。

圖 3-1

【要領】這勢練習時速度較緩，唯動作五左手逆纏前變順纏向前上，抖指發勁時要快。

第三式　懶紮衣

懶紮衣的拳義是形容古人穿長衣服，藝高膽大，遇敵時把長衣襟撩起塞在腰上，從容不迫以應敵的風範。

【動作一】分四節

一節：身體微右轉螺旋略下沉，重心偏左，吸氣。同時沉肩墜肘，含胸塌腰，略翻右臀，沉左臀，鬆胯，圓襠，屈膝合襠。兩腿左逆右順纏，兩腳裏趾抓地，湧泉穴要虛。同時左掌右拳粘住，用雙順纏略向右上引，高度在腹上胸下，眼看右前方，耳聽身後（圖3-1）。

二節：身體微左轉旋螺旋下沉，重心下沉移偏右，呼氣。同時沉肩墜肘，含胸塌腰，略翻左臀，沉右臀，鬆

圖 3-2　　　　　　　　　圖 3-3

胯，圓襠，屈膝合襠。兩腿左順右逆纏，兩腳五趾抓地，
湧泉穴要虛，同時左掌右拳粘連變雙逆纏略下沉向左（高
與腹同，距腹約一拳）；再向左前上外掤，高度在胸下腹
上，這時右拳順纏變掌貼左掌根，漸變逆纏旋轉至雙腕交
叉，雙腕粘連變逆纏漸向左前上翻轉，高與胸齊。眼看左
前，耳聽身後（圖3-2，圖3-3）。

　　三節：身體微右轉螺旋下沉，重心下沉變偏右，吸
氣。同時沉肩墜肘，含胸塌腰，略翻右臀，沉左臀，鬆
胯，圓襠，屈膝合襠。同時兩腿左逆右順纏，兩腳五趾抓
地，湧泉穴要虛。雙腕粘連從左胸前向右旋轉，交叉在胸
前中線，雙手指高度在眼眉之間，掤勁不失（左掌心向
右，右掌心向左），距胸前上約三拳之隔。眼看右前方，
耳聽左後（圖3-4，圖3-5）。

　　四節：身體微左轉螺旋下沉，重心下沉變偏右，呼
氣，同時沉肩墜肘，含胸塌腰，略翻左臀，沉右臀，鬆

圖3-4　　　　　　　　　　　圖3-5

胯，圓襠，屈膝合襠。同時兩腿左順右逆纏，兩腳五趾抓地，湧泉穴要虛。同時雙腕粘連，雙掌逆纏略下沉，雙腕交叉在胸前中線，距胸約三拳，掌指高度與鼻尖同。勁分運到雙手中指肚。眼看右肘前，耳聽身後左右（圖3-6）。

【要領】動作分四節寫出，身體旋轉方向是右、左、右、左；重心相反，是左、右、左、右。呼氣是吸、呼、吸、呼。要求運轉主宰於腰，雙手腕粘連不脫，肩放鬆，身體勿亂晃動，襠要虛要圓合住勁。

【動作二】身體向左轉螺旋下沉，重心偏右，呼氣。同時沉肩墜肘，含胸塌腰，沉右肩，略翻左臀。鬆胯，屈膝合襠。同時兩腿左順右逆纏，兩腳五趾抓地，湧泉穴要虛。

同時左右手由雙逆變雙順纏，分向右前上，左側略前下展開，右手高度在眼眉之間，以大拇指為主，小指合，

圖 3-6

圖 3-7

圖 3-8

圖 3-9

掌心空，勁運鬆到中指肚。左手高度在左大腿前側，掌心
向左下，指尖略偏前方，眼左顧右盼，耳聽身後（圖3-7，
圖3-8，圖3-9）。

圖 3-10   圖 3-11

【要領】動作速度較緩慢，要舒展大方，勁鬆到中指肚，襠勁合住。

【動作三】身體向左轉螺旋下沉，重心全部放在左腿，吸氣。同時沉肩墜肘，含胸塌腰，沉左臀略翻右臀。鬆胯，合襠，屈膝。同時左腿順纏外轉膝裡合，左腳五趾抓地，湧泉穴要虛。右腿提膝逆纏裡合，腳尖上翹，足大趾裡合（隨身旋轉下沉，膝合腳開），用右腳跟裡側向右貼地蹬出，做到兩膝開中有合。同時右手順纏下沉，懸臂經胸前下（手距胸約五拳之隔）向左上，掌心向上，反折腕，指尖向前，高度與鼻尖同。

同時左手向左側逆纏開向上變順纏經前上（高度低架超過眼眉，中架子眼眉之間，小架鼻尖距頭部30公分），交叉於右前臂上近肘彎處變逆纏合，交叉點高度在胸前中線。眼看右肩肘外側，耳聽左右（圖3-10，圖3-11）。

圖 3-12

【要領】動作要求做到右肩沉。右臂肘懸引，右膝提，胯鬆，肩胯、肘膝、手腳上下相合，重心由右變左同時完成。充分體現右重則右虛的拳理要求。

【動作四】身體向左轉螺旋略下沉，重心漸沉偏右，吸氣。同時沉肩墜肘，含胸塌腰，略翻左臀，沉右臀，鬆胯，合襠，膝裡合。同時左腿順纏外轉，膝裡合，腳五趾抓地，湧泉穴要虛。右腿逆纏膝裡合，腳尖上翹裡轉腳裡側漸著地，腳踏實，五趾抓地，湧泉穴要虛。

同時右手以小指領勁大拇指合，掌心空。同時左掌彎貼住右前臂近肘彎處手繼續逆纏，交叉點在胸前，左掌心向右前，指尖斜向右上，高度與鼻尖同。右掌心向上，指尖向左前，高於眼同，眼看右肩肘外側，耳聽身後（圖3-12）。

【要領】動作運勁要穩不上晃，右臂肘懸引掤勁不失。左肩鬆沉，臂外掤勁不失，身勿後仰。

【動作五】分二節

一節：身體向右轉，螺旋下沉，重心偏右，先吸後呼氣，同時沉肩墜肘，含胸塌腰，沉右臀，翻左臀。鬆胯，圓襠，屈膝合襠。同時右腿順纏外轉，膝裡合，腳五趾抓地，湧泉穴要虛。同時右掌逆纏翻轉，向前上外掤，高度在眼眉之間，掌心向左前，指尖向左略偏後。同時左手變順纏，左腕粘連右肘裡側上與右臂肘翻轉外略下沉（左肘向左外下沉與膝合）。

二節：身體繼續右轉下沉，重心偏右，同時右腿順纏膝裡扣，腳掌踏實五趾抓地，湧泉穴要虛，左腿逆纏裡合，以左腳跟為軸，腳掌貼地向裡勾，腳踏實，五趾抓地，湧泉穴要虛，同時右手逆纏向右經眼前，向右展開七八分，同時左手順纏下沉至腹前以小指輕輕貼住，掌心向上，指尖向右。眼看右兼顧左，耳聽左後（圖3-13）。

【要領】要求右手逆纏向右展出展開時，左肩沉左胯鬆，左腳尖裡勾時，左肩勿上晃升起。

【動作六】身體略螺旋左轉下沉，重心由右漸沉略偏左，呼氣。同時沉肩墜肘，含胸塌腰，略翻右臀沉左臀，鬆胯，合襠，屈膝合。同時兩腿左順右逆纏旋轉，兩腳五趾抓地，湧泉穴要虛。

同時右手略變順纏，勁運到中指肚，手止斜向右上，掌心向右前，中指約與鼻同高。左手心向上，小指輕貼與腹前，指尖向右，順纏略變逆纏，左肘外掤勁不失。眼看右手，耳聽左右（圖3-14）。

【要領】動作要求氣沉丹田（腹部），勁運送到中指

圖 3-13

圖 3-14

肚。左肩沉，左胯鬆，肘膝相合，右膝大七分，左膝小三
分，但重心略偏左，這是右重則右虛。

第四式　六封四閉

六封：上、下、左、右、前、後封住門；
四閉：東、西、南、北四方使敵無懈可擊。

【動作一】右手微順纏接勁，同時右腿微順纏，由右胸右胯開，短吸氣，然後身體向左轉螺旋下沉，重心偏左，呼氣。同時沉肩墜肘，含胸塌腰，右臀略上翻，左臀沉。左胯鬆，圓襠，屈膝合。左腿順纏膝裡扣，右腿逆纏裡合，兩腳五趾抓地，湧泉穴要虛。

同時右手從右前上順纏下沉，經身前至腹前中線，掌心向左略偏前，手腕向後彎，呈45度的弧形，中、食、無名指後彎偏於右前方，掌指距離腹部約四拳之隔；左手指尖向右以小指橫貼腹部，掌心向上，隨身轉略變逆纏下沉，小指尖仍貼腹部，掌心斜向裡上，左腕肘部略外掤下沉，與左膝相合。眼看右手，再右肘外側，耳聽左後（圖4-1）。

【要領】動作練的較緩慢，要穩；要求肩胯、肘膝、手腳上下相合，右肘懸臂與左膝相合。

【動作二】身體向右轉螺旋略上升，再略下沉，重心偏左，吸氣。沉肘墜肩，含胸塌腰，略翻右臀沉左臀。鬆胯，合襠，膝裡扣。

同時右腿順纏，左腿逆纏，膝裡扣。兩腳五趾抓地，湧泉穴要虛，同時收腹，提肛，左手貼在腹部略上逆纏旋轉，虎口貼在腹部略上，指尖向下，掌心向左前，要沉肩墜肘逆

圖 4-1

圖 4-2

纏旋轉加強外掤折腕。右手逆纏旋轉至左肘下，掌心向左前下，坐腕手後反指尖向左上，右手臂裡側要保持半圓形，眼看右前下，耳聽左側後（圖4-2）。

圖 4-3

【要領】練的要快，運轉折腕要靈，要求含胸塌腰，肩肘兩肋上、下、左、右四面包住，既虛要靈動，掤勁不失，上下相合，左肘與右膝相合。

【動作三】身體後右轉螺旋略向上升，再向左下沉，重心略偏右，吸氣，同時沉肩墜肘，含胸塌腰，左臀部向後下沉。鬆胯，扣襠。同時左腿逆纏裡合，右腿順纏，膝裡扣，兩腳掌踏實，五趾抓地，腳心空，湧泉穴要虛。

同時左肘順纏上捲翻轉經胸前向前上，折腕裡勾，腕背向前上，掌心向裡下，掌背指尖在右肘彎裡側，高度與鼻尖同。右手逆纏向前上翻，左腕掌後翻，掌背貼左肘外側略偏前下，掌指向左後，掌心向前略偏左。雙臂腕交合處下對右膝，兩臂裡側形成半圓。眼看右前，耳聽左後（圖4-3）。

圖 4-4

【要領】動作三與動作二連起來練的要快，要求（按懶紮衣方向）左折腕右翻向右前上掤擠，與腰腹部由左向右上下沉至右下要結合。要雙臂手向右上掤與左下沉臀形成對稱的勁，體現出「有上即有下，有左即有右」的規律。

【動作四】先微接勁，然後身體向左轉螺旋下沉，重心走下弧偏左再右移，略偏右，呼氣。同時沉肩墜肘，含胸塌腰，略上翻左臀沉右臀。鬆胯，合襠。同時左腿順纏外轉，膝裡扣。右腿逆纏裡合，兩腳五趾抓地，湧泉穴要虛。同時左手逆纏下沉至右胸下經胸前上提外掤，高與鼻同，腕裡勾。腕背向左前略上，掌心向裡偏下，指尖向裡下略偏右，距鼻尖約三、四拳之隔。右手順纏下沉，再向左前上翻，掌心向上，指尖向右前，高與右肩同，眼看右前，耳聽左後（圖4-4）。

圖4-5

【要領】動作練的要穩。要求做到「下榻外碾」，掤勁不丟。兩手相距不宜太遠，以免勁散，一般是一小臂的距離。

【動作五】身體向左轉螺旋下沉，重心走下弧轉移到偏左，吸氣。同時沉肩墜肘，開胸，突腹，右臀右上翻左臀下沉。鬆胯，合襠。同時左腿順纏外轉，右腿逆纏，膝裡合，兩腳五趾抓地，湧泉穴要虛。

同時左手逆纏由鼻尖前（掌心向上），以腰為主宰，手掌後翻（要沉肩墜肘活腕），以手指外旋一周（高度與耳同），指尖至耳前下，掌心向右前上，指掌後翻。右手逆纏由右前向側後上翻掌後翻，指尖在右耳下向後，掌心向左略偏前，同時右肘向右前上螺旋略上挑，眼看右肘右前方，耳聽左後（圖4-5）。

圖 4-6　　　　　　　　　　　圖 4-7

【要領】動作速度較快，右肘略向右前上，左肘向外下沉，形成左肘下，右肘上的斜線雙開和對稱勁──即「對拉拔長」。

【動作六】身體繼續向左略螺旋上升。重心在右，呼氣。同時沉肩墜肘，含胸塌腰，鬆胯，圓襠。右臀及外胯略下沉再略上升，由右後向右側外旋轉，突出右外胯，左胯鬆，左腿順纏外轉，膝屈外旋，腳跟提起，以腳尖裡側畫裡弧至右腳裡旁略後，腳尖向左外，虛步腳尖點地。右腿逆纏裡合，腳掌踏實，五趾抓地，腳心空。

同時兩手從兩耳腮前下，經胸前向前略下，由逆變順纏推出，勁鬆運到中指肚，坐腕，掌心向右前下，右手臂略高，兩手指尖，向前略向斜線成八字的形狀。眼看右前下，耳聽左後（圖4-6，圖4-7）。

【要領】動作練的要穩。手推按，左腳跟步，呼氣，同時完成。要求襠既虛又圓。左腳尖點地、左腳跟離地的高度與練架勢的高低成反比。

第五式　單　鞭

【動作一】身體先右轉螺旋下沉，吸氣，重心移偏左，眼看雙手，再隨身轉向前看。同時沉肩墜肘，含胸塌腰，收腹，斂右臀沉左臀。鬆膝，合襠，屈膝合。同時右腿順纏外轉，膝裡合，腳心空，五趾抓地。左腳點地為軸逆纏裡轉，腳跟向左後外轉。

同時左手順纏由胸前下外翻向前上旋轉，高度在胸前，掌心向上，指尖向前，手距胸部約50公分。右手也順纏，同時由右胸前上外翻裡合，五指捏攏旋轉，屈肘折腕至左肘彎上貼住，略偏裡側，高度與胸同，五指捏攏，手指向上。眼看雙手，耳聽身後（圖5-1）。

【要領】動作速度較穩。注意左腳尖要虛步點地，腿逆纏裡轉，左膝與右膝相合，重心漸偏左。兩肘兩膝上下相合，兩肘不貼肋。

【動作二】身體向左轉螺旋下沉，呼氣。重心由左變偏右。同時沉肩墜肘，含胸塌腰，翻左臀沉右臀。鬆胯，圓襠，屈膝。同時右腿逆纏裡轉，腳五趾抓地，同時左腳尖點地，左腿隨身轉順纏外開膝，襠要圓。同時雙手臂逆纏略下沉，右手五指捏攏，粘連右肘彎裡側逆纏旋轉略下沉，經左肘臂手背下向前上掤出展開，高度與肩平，折

圖 5-1　　　　　　　　　　圖 5-2

腕，肘彎略墜，五指向下偏右，掌心向下略偏右後。

　　同時左臂手略逆纏沉肩墜肘，指尖向上裡合，旋轉經右手腕背上、右胸前下至腹前，指尖向裡上以小指外緣輕貼腹前，掌心向上，眼先看雙手，再看身左側下，耳聽身右後（圖5-2）。

　　【要領】動作速度較緩慢，右肩胯放鬆，左臂、肘、手掤勁不丟。

　　【動作三】身體向右螺旋下沉，吸氣，重心全部放在右腿。同時沉肩墜肘，含胸塌腰，斂左臀沉右臀。鬆胯先合後，圓襠，屈膝合。同時右腿順纏外轉，膝裡合，腳心空，五趾抓地；左腿隨身屈膝逆纏裡轉上提，和右膝相合後，腳尖上翹，用腳跟裡側貼地向左則貼地鏟出（蹬出），腳尖上翹裡合。做到開中有合。同時右手在右前方

圖 5-3　　　　　　　　　　　圖 5-4

略逆纏上掤領勁，高與右耳平。

　　五指捏攏折腕，掌心向右後，指尖偏右後下；左手小指貼腹部粘連順纏引勁。眼看左側下，耳聽身後（圖5-3，圖5-4）。

　　【要領】練這個動作速度較穩，要求右手上掤勁領住不丟，左臂肘懸臂引進，提左膝時要先做到上、下，相合，左、右相合再開展，還要做到開中有合，上引下進。

　　【動作四】身體略向左轉螺旋下沉，吸氣，重心從右下沉偏左。同時沉肩墜肘，含胸塌腰，略翻右臀沉左臀，鬆胯，圓襠，屈膝合襠。同時左腿略順纏以腳跟為軸，腳尖略外轉著地，五趾抓地。同時右腿逆纏裡轉，（當左腳尖踏實後）以腳跟為軸腳尖擦地裡勾，五趾抓地。同時右手在右前上方，略逆纏下折腕，拎住上掤勁，指尖向外

圖 5-5

下，五指捏攏，掌心向右後。

左手仍貼腹前順纏引勁，掌心向上，指尖向右。眼看身左側，耳聽身後（圖5-5）。

【要領】練這個動作的速度要慢。重心移動變化虛實時，先下沉放鬆，上下結合，再走下弧移動，以免左歪右斜。右腳尖裡勾時，右肩胯放鬆，勿上拔。

【動作五】身體先略向右轉略下沉（右肩胯要鬆沉，逆纏裡合），再向左轉略螺旋下沉（右肩、胯放鬆勿帶起），重心略向右移，變偏左，吸氣。同時先沉肩墜肘，含胸塌腰，鬆胯，圓襠，屈膝。再沉開胸略實腹，鬆沉右臀，略翻左臀。同時左腿先逆後順纏外轉，膝裡扣，五趾抓地；右腿先順纏外轉膝裡扣再逆纏裡轉，五趾抓地，腳心空。

圖5-6　　　　　　　　圖5-7

　　同時右勾手略逆纏上掤，拎住勁，變略順纏略向右外開略下沉，高度與眼平，手指向左後。同時左手順纏略貼身向右移，掌心向上，指尖向右至腹部右前，然後隨身左轉變逆纏上翻，掌心向前下，再變向前；經右胸前上翻向左側外走上弧展開，臂伸至七、八公分，路線高於眼平，掌心向左前，指尖偏裡右前上。眼看左手，耳聽身右後（圖5-6，圖5-7）。

　　【要領】動作速度較穩，展開時略快。身向右再向左旋轉時，右肩胯始終放鬆勿帶起。

　　【動作六】身體略向右轉螺旋略下沉，重心由左移偏右，呼氣，同時沉肩墜肘，含胸塌腰，翻左臀沉右臀。鬆胯，圓襠，屈膝合，同時右腿略順纏外轉，膝裡扣，五趾抓地。同時左腿略逆纏裡轉，五趾抓地。

圖 5-8

　　同時左手略順纏旋轉下沉，至與左肩平，指尖向左前偏上，掌心向左偏下。同時右勾手略順纏，再變略逆纏與左手相合，高度與右肩平。掌心向下，指尖向下偏右，五指捏攏放鬆，虎口要圓。眼左顧右盼，耳聽身後（圖5-8）。

　　【要領】動作較緩慢，沉著。勁運到左手中指，左膝大七分，右膝小三分。

第六式　雲　手

【動作一】分兩節
　　一節：以腰為主宰結合丹田帶動身體快速向左略上升，吸氣。同時右手變順纏向左上領勁，位在右眼右前上方，後反腕掌心向上，指尖向右前偏上。同時左手逆纏向

左前上方畫弧領勁，位在左眼左前方略上，後反坐腕，臂彎屈半圓，掌心向左前，指尖向右前略偏上方，眼看右肘右外方。同時沉肩略墜肘，胸開左轉，腹部前突左轉下沉，左臀下沉，右臀右後上翻，鬆胯，圓襠，屈左膝與右膝合。左腿順纏外轉，膝裡扣，重心偏左。右腿逆纏裡轉，腰勁下沉至腳跟，兩腳掌踏實，五趾抓地，湧泉穴要虛。耳聽左後。

二節：身體向右轉，螺旋下沉再略上升，先呼後吸氣。同時沉肩墜肘，含胸塌腰，鬆胯，屈膝合襠，右腿順纏外轉（上下相合後），以腳跟為軸，腳掌擦地外轉約90度，踏實後略逆纏，腳踏實，五趾抓地，湧泉穴要虛。重心由左走下弧變偏右。同時左腿逆纏裡轉變虛後，腳跟離地，腳尖提起，順纏外轉畫裡弧，腳尖向左前方（不超過右腳尖）虛步停至右腳裡側。

同時右手逆纏由右前方下沉至眼前中線（上下相合後）再向右前方領勁展開，臂半圓坐腕，掌心向右前方，指尖左前偏上，位在右眼右前方。同時左手順纏略向左外下沉（高與左肋部同）再向右裡合至腹前中線，掌心向右略偏前，指尖向前偏左。眼先看右前再看左肘外側，耳聽身後（圖6-1，圖6-2）。

【要領】一節練時速度較快，二節練時速度略慢，一節要以腰為主宰，結合丹田帶動，身體快速以抖動向左轉，充分體現出腰活似車軸，為連接上下體的樞紐。抖勁後六成勁上升平分至兩臂手領勁，四成勁下沉平分至兩腿至腳跟合於腳趾。這樣形成上下左右斜正的對稱勁，以保持立身中正，支撐八面的中定勁。否則易犯飄浮，呆滯之

圖6-1　　　　　　　　　圖6-2

病；二節要先合（上下內外）後開再合。右手上掤領住勁
勿丟，左手帶動左腳動作同時完成。

　　【動作二】身體向右轉螺旋下沉，重心偏右，同時沉
肩墜肘，含胸塌腰，沉右臀翻左臀，鬆胯，先合後圓襠，
屈膝合襠。同時右腿順纏外轉膝裡扣，腳掌踏實五趾抓
地，湧泉穴要虛。左腿逆纏裡轉腳提起腳尖上翹裡轉，向
左橫開邁步，以腳跟裡側著地腳尖上翹裡合。
　　同時右手逆纏向右前外上領勁，位在右眼右前略上
方，臂半圓後翻腕，掌心向右前上方，指尖向左前略偏上
方。同時左手順纏向右前引進，位在腹前中線，掌心向右
偏前，指尖向前偏左，吸氣。眼看右再看左肘外，耳聽身
後（圖6-3）。
　　【要領】速度較快，右手逆纏上掤領住勁不丟。左手

圖 6-3

順纏引進與左足向左橫開邁步前，要先上下相合、左右相合，內外結合再向左橫開邁步，即先合後開。手腳動作要同時完成。身勿左歪右斜，保持中正不偏，邁步要輕靈。

【動作三】分三節

一節：以腰為主宰，結合丹田帶動身體快速向右旋轉螺旋下沉，沉肩墜肘，含胸塌腰，鬆胯，圓襠，屈膝合。右腿順纏外轉，膝裡扣，腳踏實五趾抓地，湧泉穴要虛。

同時左腿逆纏裡轉，腳跟為軸，腳尖上翹裡合。同時右手由右前上方逆纏略上翻，掌心向前，後翻腕臂半圓指尖向左略偏後，位在右眼前。同時左手順纏裡合，位在腹前中線（與右手上下對稱一條線）後翻腕，肘不貼肋，掌心向右前，指尖向左前，吸氣。眼看身左側兼顧右手，耳聽身後，重心偏右。

圖 6-4 圖 6-5

二節：身體向左轉螺旋下沉，再螺旋上升，重心由右下沉變偏左。同時沉肩墜肘，含胸塌腰，鬆胯，圓襠，屈膝。同時左腿順纏外轉，腳跟為軸腳尖上翹外轉90度落地變實，膝裡扣，五趾抓地，湧泉穴要虛。

右腿逆纏裡轉以腰胯帶動，腳跟離地，腳尖提起略畫裡弧，變順纏向左腳後插步，以腳尖虛步點地，插步時身微右轉，左腿變微逆纏，腳踏實，五趾抓地，湧泉穴要虛。

同時左手領勁由腹前中線逆纏（注意含胸），上翻至鼻前向左前外略畫上弧展開，位在左眼左前方，臂半圓後翻腕，掌心向左前方，指尖向右前略偏上。同時右手由右眼順纏向右前外開展下沉（上下結合）合至腹前中線，掌心向左前，指尖向右前。先呼後吸。眼先看右再看左，耳聽身後（圖6-4，圖6-5）。

三節：身體向右轉螺旋下沉，重心由左移向右。同時

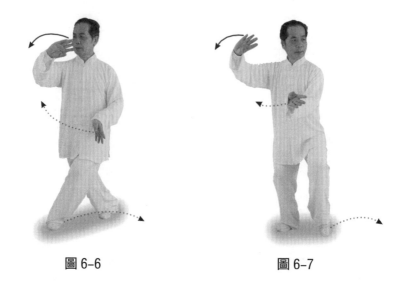

圖6-6　　　　　　　　　圖6-7

沉肩墜肘，含胸塌腰，鬆胯，屈膝。右腿順纏，腳跟落地踏實，五趾抓地，腳心空。左腿逆纏提起向左併與右腿裡側，腳尖點地。同時右手順變逆纏由腹前向上、向右運至右前上方，左手逆變順纏由左上向左、向下、向右運至腹前中線。先吸後呼氣，眼先看右再看左，耳聽身後（圖6-6，圖6-7）。

　　【要領】一節是引接勁，速度很快；二節是向左雲手，開時下沉，呼氣上下相合要快；三節是向右雲手，轉換重心時要穩。併步腳點地時略慢。連起來練時要走出「欲左先右」、「欲上先下」的身法，氣宜鼓蕩，神氣要顧盼自如，勿散亂。插步時注意保持立身中正，勿外泄。

　　【動作四】與動作二相同（圖6-8）。
　　【動作五】與動作三相同，只是向右運手時左腳不提

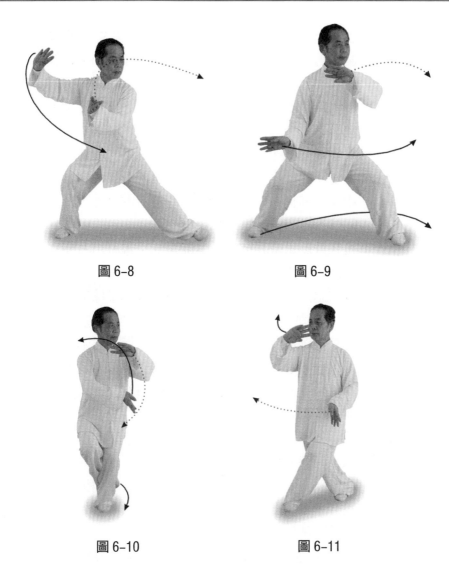

圖6-8

圖6-9

圖6-10

圖6-11

起向左點地，接做動作六（圖6-9，圖6-10，圖6-11）。

【動作六】

一節：身體向右後轉螺旋下沉，重心由左變偏右，同

時沉肩墜肘，含胸塌腰，鬆胯，圓襠；沉右臀，略翻左臀，右腿順纏，膝裡合，以右腳尖為軸右腳跟向右後旋轉約180度落實，五趾抓地，腳心空，左腿逆纏隨右腳跟落地，以腳跟為軸腳掌擦地裡轉約180度落實，五趾抓地，腳心空；同時右手逆纏向右前外上領勁，位在右眼右前略上方，臂半圓後翻腕，掌心向右前上方，指尖向左前略偏上方。同時左手順纏向右前引進，位在腹前中線，掌心向右偏前，指尖向前偏左，吸氣。眼看右再看左肘外，耳聽身後（圖6-12）。

二節：身體繼續右後轉，螺旋下沉；重心由右變左再偏右，同時沉肩墜肘，含胸塌腰，鬆胯，圓襠；沉左臀略翻右臀，右腿順纏，膝裡合，以腳跟為軸腳掌擦地右轉約180度落實，五趾抓地，腳心空；左腿逆纏裡轉待右腳踏實後裡扣合襠，沉右臀，略翻左臀，左腳尖以腳跟為軸貼地裡轉約180度；同時，左右手隨身轉動繼續引進，手型不變，眼看左肘外，耳聽身後，呼氣（圖6-13）。

三節：身體向右轉螺旋下沉，重心偏右，同時沉肩墜肘，含胸塌腰，沉右臀翻左臀，鬆胯，先合後圓襠，屈膝，合襠。同時右腿順纏外轉，膝裡扣，腳掌踏實，五趾抓地，湧泉穴要虛。左腿逆纏裡轉，先腳跟離地提起，左膝向右膝合，腳尖上翹裡轉，向左橫開邁步，以腳跟裡側著地腳尖上翹裡合。

同時右手逆纏向右前外上領勁，位在右眼右前略上方，臂半圓後翻腕，掌心向右前上方，指尖向左前略偏上方。同時左手順纏向右前引進，位在腹前中線，掌心向右偏前，指尖向前偏左，吸氣。眼看右看左肘外，耳聽身後

圖 6-12　　　　　　　　　　圖 6-13

圖 6-14　　　　　　　　　　圖 6-15

（圖6-14，圖6-15，圖6-16）。

　　【要領】此為插步轉身三百六十度雲手，分三段寫出，實為一連貫的動作，不可有間斷的地方，充分體現出

圖6-16　　　　　　　　圖6-17

以腰為軸，節節貫穿的圓活風格，同時也要注意重心的虛
實變化及胸中、腰間的意氣轉換。

【動作七】與動作三相同（圖6-17，圖6-18，圖6-
19，圖6-20）。

【動作八】與動作二相同（圖6-21）。

【要領】陳氏太極拳的雲手練法很多，在此組合中採
用了插步——轉身——插步的順序，以適應表演及競賽的
需要，如有更高的追求，可進行適當的調整。

第七式　高探馬

【動作一】身體向左轉螺旋下沉，重心由右變偏左。
同時沉肩墜肘，含胸塌腰，沉左臀，略翻右臀。鬆胯，圓

圖 6-18

圖 6-19

圖 6-20

圖 6-21

襠，屈膝合。右腿逆纏裡轉，腳掌踏實，五趾抓地，湧泉
穴要虛，同時左腿順纏外轉，以腳跟為軸腳掌擦地外轉約

圖7-1

90度，腳掌踏實，五趾抓地，湧泉穴要虛。

同時左手逆纏由腹前隨胸含上翻至鼻尖前，再向左略畫上弧以大拇指領勁展開，位在左眼左前方。臂半圓後翻腕，掌心向左，指尖向右前略偏上，同時右手由右眼右前方順纏略向佑外展開下沉（上下結合）合至腹前中線，略向後右翻腕，掌心向前指尖向右前，同時呼氣。眼先看右手後看左手再看右肘外側，耳聽身後（圖7-1）。

【要領】速度較緩慢。身再向左轉下沉，左手逆纏由腹前中線上翻時要含胸（腰勁不丟），以大拇指領上掤勁不失。右手順纏下沉裡合時，要兩膊相吸相繫合住勁。另外要先上下，內外合上。

【動作二】身體向左轉螺旋下沉，重心偏左。同時沉肩墜肘，含胸塌腰，左臀下沉，略上翻右臀，鬆胯，圓

圖 7-2　　　　　　　　　　圖 7-3

襠，屈膝合。左腿順纏外轉膝裡扣，腳五趾抓地，湧泉穴要虛。右腿逆纏裡轉，腳提起腳尖上翹裡合向右後方隅角邁步，以腳跟裡側著地與左腿合住勁。

　　同時左手略逆纏向左略展開變順纏，向右肘彎合變微逆纏，左手合於右肘彎處，臂半圓肘尖不失，坐腕掌心向右指尖向上。同時右手由腹前中線順纏向中線上合，高於鼻尖同，掌心向上略偏左後翻腕，指尖向右前。眼先看左手再看右肘外側，吸氣，耳聽身後（圖7-2，圖7-3）。

　　【要領】較動作一略快一些。左手上掤勁領住不丟，右手臂帶右腿向右後方邁步同時完成，邁步時落腳要虛靈，如臨深淵，如履薄冰，如貓行。身勿左歪右斜。

　　【動作三】身體向右轉螺旋下沉，重心偏左呼氣。同時沉肩墜肘，含胸塌腰，左臀下沉右臀略上翻，鬆胯，圓

圖7-4

襠，屈膝合。左腿逆纏裡轉，右腿順纏外轉膝裡扣，兩腳心空。同時雙手變逆纏粘連交叉（隨沉肩含胸塌腰），選擇略向前上（雙肘隨雙手逆纏裡合外翻略墜），加強雙腕（上下相合）臂肘掤勁，勁運到雙手大拇指，手分向左右略走上弧（與眼高同）展開變略順纏下沉。勁運送到雙手中指肚，雙臂展七八分坐腕，指尖高度比兩肩略高。左手心向左前，指尖向上略偏左前。右手掌心向右後偏前指尖向上偏右前，眼左顧右盼。耳聽身後（圖7-4）。

【要領】速度稍快。展開時要輕鬆舒展，上下左右斜正相合，內外結合，兩腿順逆纏勁要纏到大腿根，襠內會陰穴要虛，要圓。

【動作四】身體向右轉螺旋下沉，重心偏左，吸氣。同時沉肩墜肘，胸開右轉，腹部前突向右下沉。左臀下沉突

圖 7-5

外胯右臀向右後上翻，鬆胯，圓襠，屈膝合。左腿逆纏裡轉，右腿順纏外轉膝裡扣，以腳跟為軸，腳掌擦地腳尖裡勾，兩腳掌踏實，五趾抓地，湧泉穴要虛，同時左手在左眼前方順纏外轉向左前方略伸展，高與左肩同，掌心向上，指尖向左前。

　　同時右手在右眼右方向右外開略逆纏，變順纏屈肘略上翻逆纏至右耳下，後翻腕屈肘下墜，掌心向左前方，指尖向右後。眼看左前兼顧右後，耳聽身後（圖7-5）。

　　【要領】速度稍快。動作主宰於腰，結合丹田帶動身向右旋轉快速下沉。右腳尖裡轉勾腳，上開（兩臂肘橫開）下合。左右是開、上下相合。

　　【動作五】身體向左轉螺旋下沉再螺旋略上升，重心是右——左——右，呼氣。（如動作大，架子低，練的速

圖7-6

度慢,可先呼後吸,再呼氣,就是在身螺旋上升時換一口氣)同時沉肩墜肘,含胸塌腰,右臀下沉再略上升,鬆胯,圓襠,屈膝合。右腿逆纏裡轉以腳跟為軸,腳掌擦地隨身左轉約135度,腳掌踏實,五趾抓地,湧泉穴要虛。同時左腿順纏外轉,腳跟提起,以腳尖擦地,隨身畫外弧向左後轉停於右腳裡側,腳尖向外斜出,虛步腳尖點地。

　　同時右手由右耳下略下沉墜肘(上下相合兩手相合),經胸前上中線逆纏向右前略上展(推)出,臂伸到七八分變略順纏,勁送到中指肚,位在右肩右側略偏前,掌心向右、前下,指尖向右、前上。同時左手由左肩前略逆纏胸前與右手手心上下相錯,下沉變順纏,以小指處緣輕貼肚臍前,變微逆纏,掌心向上微偏裡,指尖向右。眼看右手兼顧左,耳聽身後(圖7-6)。

　　【要領】動作速度開始上、下、左、右相合時要緩慢

圖8-1

些，螺旋上升左轉，右手向前推時略快一些。動作放鬆舒展，身要正，勿歪斜。雙手勁要放鬆對稱。

第八式　右左擦腳

【動作一】身體向左轉螺旋下沉，重心偏右。同時沉肩墜肘，含胸塌腰，腹部左轉下沉，右臀向後上略翻起，鬆胯，圓襠，屈膝。右腿逆纏裡轉腳踏實，五趾抓地，湧泉穴要虛。左腿順纏外轉，膝外開，以腳尖點地外轉，圓襠。同時右手由右前上方順纏下沉至腹前中線，距離腹部約40公分，後翻腕掌心向左微偏下，指尖向右前微偏下。同時左手以小指輕貼腹前略順纏變略逆纏，外掤勁不失，掌心向上，指尖向上，裡上勾腕，小指輕貼腹部，呼氣。眼看右側前，耳聽左後（圖8-1）。

圖 8-2

【要領】速度較緩慢，上下相合，右肘懸臂不貼肋。

【動作二】以腰為主結合丹田領勁，身體快速向右轉下沉，重心由右變偏左。同時沉肩墜肘，含胸塌腰，收腹，斂右臀沉左臀，鬆胯，合襠，屈膝合。左腿逆纏裡轉，以腳尖點地，腳跟向左後外旋轉，重心移過來。同時右腿順纏外轉，膝裡合，腳踏實五趾抓地，湧泉穴要虛。

同時左手以小指輕貼腹前，逆纏裡轉一圈裡勾腕向前上掤出，高與鼻尖同，掌心向裡下，指尖向裡下，虎口要圓。同時右手逆纏裡轉上翻以掌背貼左肘下與左手臂同時向右前上掤出，位在左肘前外，掌心向前，指尖向左略偏上。交叉點對準鼻尖中線，吸氣。

眼看雙臂前，耳聽身後（圖8-2）。

【要領】速度很快。要以腰為主宰環抱向前快速擠出，

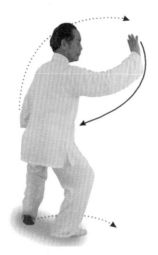

圖8-3

此動作與前六封四閉動作二、三手的動作相同。

　　【動作三】身體向左轉螺旋下沉，重心偏右。同時沉肩墜肘，開胸左轉，腹部前突向左轉下沉，鬆胯，圓襠，右臀略向右後上翻起。右腿逆纏裡轉，腳踏實，五趾抓地，湧泉穴要虛。左腿順纏外轉，膝外開，以腳尖點地外轉。

　　同時左手在右前方（與右肩平）基本在原地順纏略下沉，再向右前上旋轉，掌心向右上，指尖向右偏前。同時左手逆纏略下沉經胸前中線向上翻起，裡勾腕掌心向裡下，指尖向裡下偏右，虎口要圓，高與鼻尖同，吸氣。眼看右前兼顧左，耳聽左後（圖8-3）。

　　【要領】速度較緩慢。雙臂挒時下塌腰外輾手臂掤勁不丟。兩手間距由手至肘部，不宜太寬。

圖 8-4　　　　　　　　圖 8-5

【動作四】身體向左轉螺旋下沉，重心偏右後。同時沉肩墜肘，含胸塌腰，收腹，斂左臀沉右臀，屈膝，圓襠合。右腿逆纏裡轉，膝裡合，腳踏實，五趾抓地，湧泉穴要虛。左腿順纏外轉以腳跟略偏外側著地，腳尖上翹偏左外。

同時右手在右前上方與右肩平，順纏略向右前上領勁，高與鼻尖同，掌心向上，指尖向右前。同時左手中線逆纏上翻折腕經頭前略上向右前坐腕，合於右腕臂上，掌心向右前略偏下，指尖向上偏右，吸氣。眼看身後再看前，耳聽左後（圖8-4，圖8-5）。

【要領】速度較快。要上邊手合，下邊腳落地，即手到腳亦到。兩腿彎屈不要夾住，便於旋轉變化。

【動作五】身體後左轉螺旋下沉，重心由右後變左前，同時沉肩墜肘，含胸塌腰，收腹，斂右臀沉左臀，鬆

圖 8-6

胯，圓襠，屈膝。左腿順纏外轉，以腳跟為軸，腳尖外轉約90度，腳掌踏實，湧泉穴要虛。同時右腿逆纏裡轉，腳跟離地以腳尖為軸裡轉。

同時雙腕粘連雙手逆纏向左旋轉，雙臂裡側要保持半圓，掤勁不丟，勁運到雙手中指肚。雙手腕以右外左內交叉，右掌心向左前，指尖略偏左上，左掌心向右前，指尖向右略偏上，吸氣，眼看右肘右側，耳聽左後（圖8-6）。

【要領】練時較慢。要上掤不丟勁，全身隨手轉，兩腿之間要有空隙，襠要虛要圓。身體要保持中正，勿左歪右斜或挺胸上拉胯。

【動作六】身體向左轉螺旋上升，重心在左後，吸氣。同時沉肩墜肘，開胸，收腹，吸氣，提肛，鬆胯，扣襠略屈膝。左腿順纏外轉，膝裡扣，腳踏實，五趾抓地，

圖 8-7

湧泉穴要虛。同時右腿逆纏裡轉提起，用腳背向右前上踢起。

同時雙腕背交叉粘連逆纏向前上翻略過頭頂，雙手逆纏向右前及左後分開變略雙順纏，以手拍右腳面。同時左手在左後，掌心向下與右手形成對稱勁，以保持身體平衡（圖8-7）。

【要領】速度一般，身體中正，勿左歪右斜，上下相結合內外結合。

動作一至動作六是右分腳。

【動作七】身體微左轉螺旋微上升，再向右轉螺旋略下沉，重心在左後，吸氣。同時沉肩，開胸，略突腹下

圖8-8　　　　　　　　　　　圖8-9

沉，鬆胯，圓襠，略屈左膝微向後上方翻臀左旋。再沉肩
墜肘，含胸塌腰，鬆胯，屈左膝，左腿先順後逆纏裡轉，
腳踏實，五趾抓地，湧泉穴要虛。右腿先略逆纏裡轉膝上
提再順纏外轉，腳尖上翹外轉，用腳跟後外側著地，邁在
左腳尖前方。

　　同時雙臂手在前後略向上略逆纏（欲順先逆欲合先
開），再變順纏略下沉（與肩平）右轉，以左上右下交叉合
於腕部，略向後翻腕。左掌心向左上，指尖向前，右掌心向
右上，指尖向前略偏右，交叉點高度在鼻尖前中線，眼左顧
右盼，再看前方，耳聽身後（圖8-8，圖8-9）。

　　【要領】速度較緩慢，身體在左右旋轉時，運勁要以
左腰隙（眼）控制，立身中正，勿左歪右斜。右腳著地要
輕靈，如貓行。

圖 8-10

【動作八】身體向右轉螺旋下沉，重心偏右，呼氣。同時沉肩墜肘，含胸塌腰，翻左臀沉右臀，鬆胯，屈膝，右腿順纏外轉，以腳跟為軸腳尖向右轉約90度，腳踏實，五趾抓地，湧泉穴要虛。左腿逆纏裡轉腳跟提起，以腳尖為軸裡轉。

同時雙臂手逆纏外掤，雙腕粘連不脫旋轉外掤，臂裡側保持半圓，腕略向後翻。右掌心向左前，指尖向左後，左掌心向右在右臂肘裡側，指尖向右後略偏上，眼看左肘前，耳聽身後（圖8-10）。

【要領】速度較快，身向右轉下沉時雙臂粘連不脫，雙手臂掤勁不失。兩大腿之間留有空隙，襠內既虛又圓。

【動作九】身體向右轉螺旋上升，重心在右，吸氣，同時沉肩，開胸，收腹，吸氣，提肛，斂左臀沉右臀，鬆

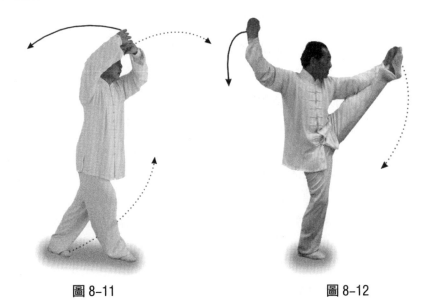

圖 8-11　　　　　　　　　　　　　　圖 8-12

胯，扣襠略屈右膝，右腿順纏外轉，膝裡扣，腳踏實，五趾抓地，湧泉穴要虛。左腿逆纏裡轉略屈膝上提起，以腳面（背）及腳尖向左前上踢。

　　同時雙腕粘連手臂逆纏裡轉上（超過頭頂），分向左前右後展開變雙順纏。左手放鬆拍左腳面（背）達到手腳相合，右後手掌心向右後下，指尖向右後略上，高與右肩平。眼看左前，耳聽身後（圖8-11，圖8-12）。

　　【要領】速度較快。左腳向左前上踢時，右胯勿拉直要放鬆，左手拍左腳時，手臂要放鬆（如鞭子抽勁），富有彈性。左前手及右後手勁要對稱，免得出現向左上踢時的向前上拔的努勁而影響身體中正。

　　動作七至動作九是左分腳。

第九式　轉身左蹬一根

【動作一】身體微右轉略螺旋上升，再向左轉略螺旋下沉再略上升，重心在右，吸氣。同時沉肩墜肘，含胸塌腰，收腹，鬆胯，合襠，屈膝。再沉肩墜肘，開胸，收腹，吸氣，提肛，鬆胯，斂左臀，沉右臀，略屈右膝。右腿先略順纏外轉，膝裡扣，腳踏實，五趾抓地，湧泉學穴要虛。再逆纏裡轉以腳跟為軸，腳尖略上翹裡（左）轉約180度，腳尖著地，五趾抓地，湧泉穴要虛。

同時左腿先逆纏膝上提裡轉，再順纏略下沉外（左）轉，再略上提變略逆纏與右膝相合。

①同時左手順纏折腕旋轉一圈（左前上）略墜肘與左膝合勾腕，在下沉經腹前變逆纏向左上變掌展開，高與肩平，掌心向左側下，指尖向左側上。

②左手先略逆纏略向右上起，再變順纏下沉經腹前（不折，勾腕），變逆纏向左側上展開，定勢手型位置與①練習法同。同時右手先順纏（略墜肘與右膝合），向右後外轉再變逆纏略向上翻（由略墜肘）至右耳下，經胸前上中線向右變略順纏展開，高與右肩平，掌心向右側下，指尖向右偏前上。眼左顧右盼，耳聽身後（圖9-1，圖9-2，圖9-3）。

【要領】速度先略慢要穩，轉身要快也要穩，略向右轉上下相合時要穩。左轉開時要快而穩。兩手上掤勁領住勿丟，以免身體東倒西歪，定勢時周身要合住勁。

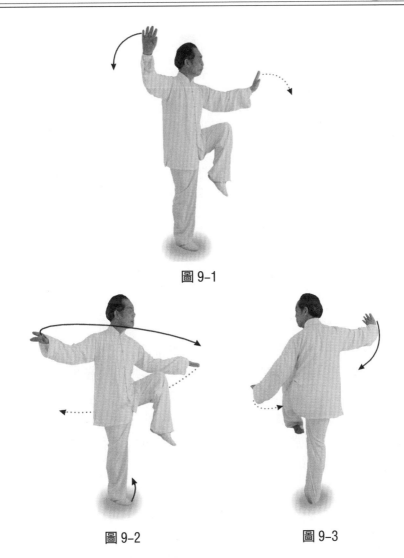

圖 9-1

圖 9-2　　　　　　　　圖 9-3

【動作二】有兩種練法

　　① 身體向右轉螺旋下沉，重心在右，呼氣。同時沉肩墜肘，含胸塌腰，翻左臀沉右臀，鬆垮，合襠，屈膝。右

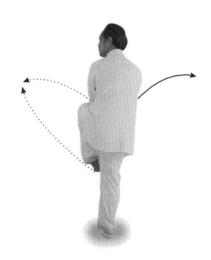

圖 9-4

腿順纏外轉膝裡扣，腳踏實，五趾抓地，湧泉穴要虛。左腿逆纏裡轉，膝裡轉，略下沉合於右膝裡前上。

②左腿逆纏裡轉下沉，膝裡合腳落地，左腳尖點地，位於右腳左後側。同時雙手由左右順纏下沉，經身兩側以左上右下交叉於膝前上，雙腕略向後翻，左掌心向右前下指尖向前。右掌心向前，食指尖向下偏右，眼看身左側，耳聽右後（圖9-4）。

【要領】速度較慢。雙手臂合時，兩胸肋部要虛，雙肘不貼肋，身保持中正。

【動作三】身體快速略向右轉螺旋下沉，再向左轉螺旋上升，重心在右，先吸氣後呼氣。同時沉肩墜肘，含胸塌腰，鬆胯，扣襠，屈膝。再沉肩，開胸，收腹左旋。右胯鬆略向上提起，右腿順纏外轉，膝裡扣，腳踏實，五趾

圖 9-5

抓地，湧泉穴要虛。

　　同時左腿逆纏裡轉，膝裡合，腳尖上翹，以腳踵發勁向左側上（與肩平）橫蹬，腳尖略偏左前上，同時雙腕左上右下交叉粘連，雙臂手先雙順纏向右略下沉引合勁，再變拳用雙逆纏分向左側略上及右側略下分開擊出，拳心向下。眼看左側，耳聽右後（圖9-5）。

　　【要領】速度很快，以腰為主宰，一蓄即發，身體向右側斜，拳和腳的發勁要富有彈性。一發（開）即收（合），以利再開（發勁）。

第十式　前蹚拗步

　　【動作一】身體微右引再向左轉螺旋下沉，重心在右，

圖 10-1

先吸氣後呼氣，同時沉肩墜肘，含胸塌腰，翻左臀沉右臀，鬆胯，圓襠，屈右膝，右腿先微順變逆纏裡轉，腳踏實，五趾抓地，湧泉穴要虛，同時左腿逆纏上提裡合，變順纏外轉，腳尖上翹外轉，以腳跟隨身左轉著地，位在右腳尖左側（轉身後左腳跟在右腳尖正前方）。

同時雙拳變掌略逆纏略裡合上翻，變雙順纏略下沉，高與肩平。裡合左轉，雙腕右上左下交叉，位在胸前上，雙手高與鼻同，雙腕略向後翻，右掌心向左前方，指尖向右前方。左掌心向右前方，指尖向偏左前方。眼先看左手再看右手再看前方，耳聽身後（圖10-1）。

【要領】速度緩慢。要身隨手轉，腰為主宰控制身體平衡，手合腳落地同時完成。身體勿左歪右斜。

圖 10-2

　　【動作二】身體向左轉螺旋下沉，重心由右後變左前腳，呼氣。同時沉肩墜肘，含胸塌腰，鬆胯，圓襠。左腿順纏以腳跟外側著地為軸心，腳尖外轉約45度以上，落地踏實，五趾抓地，腳心空。右腿逆纏，腳跟提起以腳尖著地，隨身旋轉成拗步。

　　同時雙手腕交叉粘連，雙手臂逆纏，隨身向左轉略下沉外掤旋轉。雙手腕交叉點高度在下顎，左掌心略偏左前，指尖向左偏上。右掌心在左肘裡上側向外，指尖向左後。眼看右前方，耳聽左後（圖10-2）。

　　【要領】這個動作練時較緩慢，雙臂肘裡側保持半圓，勁不失。襠要圓虛，兩大腿之間留有空間，便於旋轉。

圖 10-3　　　　　　　　　　　圖 10-4

【動作三】身體繼續向左旋轉，螺旋下沉，重心全部放在左腳，隨上右步漸變偏右前，先吸後呼。同時沉肩墜肘，含胸塌腰，鬆胯，先合後圓襠，左膝屈裡扣，左腳五指抓地，湧泉穴要虛。右膝屈右腿逆纏裡合提起，腳尖上翹（先膝合腳開），向右前方隅角進步，以腳跟裡側著地漸踏實，五趾抓地。

同時雙手從面前中線向身左右隅角逆纏展開，變順纏勁運到中指肚，雙手指尖高度比肩略高一些，右掌心向右前上方，指尖斜向左上，左掌向左前，指尖偏右前。眼先看右前，再顧左右，耳聽身後（圖10-3，圖10-4，圖10-5，圖10-6）。

【要領】這個動作練得緩和舒展。右膝提腿進步時先上下相合，膝合腳開，身體勿左歪右斜。

圖 10-5　　　　　　　　　　圖 10-6

第十一式　擊地捶

【動作一】身體先向右轉螺旋略上升，重心略偏左後，吸氣，眼看右手兼顧左，耳聽身後。同時沉肩墜肘，含胸塌腰，鬆胯，屈膝。右腿順纏，膝裡扣，五趾抓地。左腿逆纏，膝裡合，兩腳五趾抓地。

同時右手變逆纏向右前上旋轉，高度與眼同，掌心向右前，指尖向左前偏上。左手順纏隨身右轉至左前方，高度與鼻同，掌心向左上，後折腕，指尖向左前，略偏後。這是欲左先右。

身體向左螺旋下沉，重心由左變偏右，吸氣，眼看右前，耳聽左後。同時沉肩墜肘，含胸塌腰，鬆胯，右腿逆纏裡合，左膝裡扣，兩腳五趾抓地。同時右手變順纏略下

圖 11-1

沉，隨身左轉到面前中線，高度與鼻同，後折腕，指尖向右前，掌心向左上。左手變逆纏左轉略向上外掤，高度與眼同，掌心向左前，後折腕，指尖向右前。兩手間隔比肩略寬（圖11-1）。

【要領】練此動作時，第一段「欲左先右」要輕靈。第二段要穩，較慢。要求上式與下式接勁圓滿輕靈，掤勁不失。左轉時右臂肘懸勿貼肋。

【動作二】身體向左轉螺旋下沉，重心由左漸變右至偏右後腳，眼先看右前再看左手，耳聽身後。同時沉肩墜肘，含胸塌腰，鬆胯，屈膝，右膝先裡扣（上下相合，與左膝合），然後順纏外轉，以腳跟為軸腳掌貼地外轉約90度，落地踏實，五趾抓地變實。左腿逆纏裡合，然後隨身右轉提膝裡合，腳尖上翹裡轉，隨身右轉向左前方邁步以

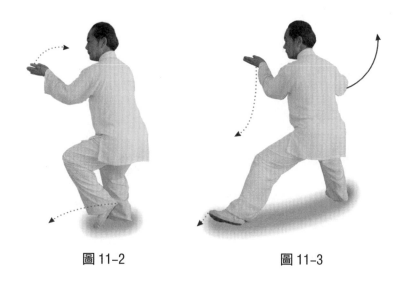

圖 11-2　　　　　　　圖 11-3

腳跟裡側著地。

　　同時右手由順纏變逆纏略沉與膝裡合，再向右外展開，高度與眼同，掌心向右外，後折腕，指尖向左前，左手變順纏以平掤勁，隨右手向右轉至面前中線變逆纏立掌，指尖高度與鼻同，掌心向右（圖11-2，圖11-3）。

　　【要領】動作練的要穩。要求雙手掤勁不失，提左膝邁步前要先上下相合，提膝時要先膝合腳開。

　　【動作三】身體向左轉螺旋下沉，重心由右後變偏前，呼氣。同時沉肩墜肘，含胸塌腰，鬆胯，屈膝合。左腿順纏外展，膝裡扣，右腿逆纏裡轉，兩腳掌踏實，五趾抓地，湧泉穴要虛。

　　同時左手由鼻前中線逆纏變拳經胸腹下沉，向左膝前略下外開，上提至左眼左前方，臂半圓下勾腕，拳虛握拳

圖 11-4　　　　　　　　　　圖 11-5

心向下，虎口向右。同時右手由右側（高與右耳同）順纏外翻，變拳向上勾腕翻轉至右耳下，變逆纏經胸腹前下沉至襠前下近地面，臂彎屈半圓向右外勾腕，拳心向右外，虎口向裡。

　　眼左顧右盼，耳聽身後（圖11-4，圖11-5）。

　　【要領】速度較緩慢。右拳向右前下沉，左胯鬆，左臀沉，形成對稱勁，以穩定身體平衡。

第十二式　翻身二起腳

　　【動作一】身體向右，轉螺旋下沉再上升，重心先偏右再變偏左，吸氣。同時沉肩墜肘，含胸塌腰，鬆髖，屈膝。右腿順纏外轉，膝裡扣，腳掌踏實，五趾抓地，湧泉穴要虛。左腿逆纏裡轉，以腳跟為軸，腳尖貼地裡轉正90度後變

圖 12-1

圖 12-2

實，以前腳掌為軸繼續裡轉約90度，後腳踏實，五趾抓地，湧泉穴要虛，右腿繼續順纏外轉，腳跟提起腳尖擦地，隨身右轉畫外弧停在左腳偏右前方，虛步腳尖點地，鬆胯，屈膝，合住勁。

　　同時左拳逆纏下沉至左膝外下，變順纏上翻至左耳左側，臂肘屈腕略向裡勾，拳心向右，虎口向後，高與耳同，同時右拳逆纏由襠前下經腹胸前向上提至下腭前，變順纏向右前下沉至右大腿右側上方，腕略上勾，虎口向右。眼左顧右盼，再向前看，耳聽身後（圖12-1，圖12-2）。

　　【要領】速度先慢、穩，後轉身上升時，略快一些。以腰為主宰轉身時身要保持中正，勿左歪右斜。

　　【動作二】身體向右轉略下沉（上下相合），再略上升，重心由左後再變偏右前，呼氣。同時沉肩墜肘，含胸

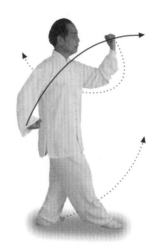

圖 12-3

塌腰，再略上升略開胸。先塌腰再略實，腹向下沉。先鬆
胯，收臀再略向後上翻臀，屈膝合。左腿逆纏裡轉腳踏
實，五趾抓地，湧泉穴要虛，右腿順纏外轉，膝裡扣，腳
尖點地變實。

　　同時左拳由左耳左側順纏向前合。位在左眼左前方，
拳心向裡右後。右拳由右大腿上側逆纏向右後，位在右外
胯右後略上方，裡勾腕，拳心向右前上，眼看前兼顧左
右，耳聽身後（圖12-3）。

　　【要領】速度稍快，重心向右前。左胯鬆，左臀下
沉，以保持身體中正，以免前俯失勢。

　　【動作三】身體向左轉螺旋上升，重心由偏右變左，
吸氣。同時沉肩墜肘，開胸，收腹，吸氣，提肛，鬆胯，
左腿順纏外轉向前上踢（同時右腳蹬地騰身躍起）後下

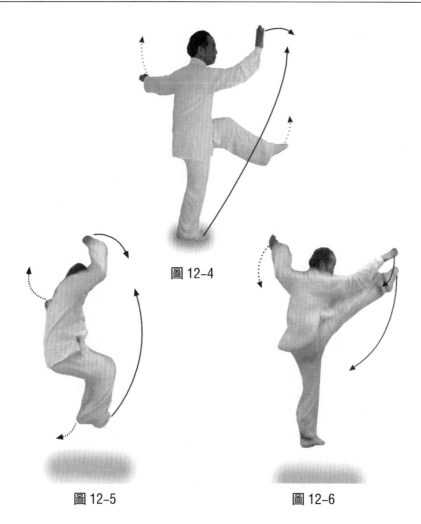

圖 12-4

圖 12-5　　　　　　　圖 12-6

沉，未落地前，右腳變逆纏向前上踢。

　　落地同時右拳向右後順纏上翻，變掌逆纏經右耳下（身體上躍，右肘與右膝合）向前拍響右腳背，右腳不落地。同時左拳變掌逆纏向左後上提，掌心向下，高過頭頂。眼看右前，耳聽身後（圖12-4，圖12-5，圖12-6）。

【要領】速度很快，動作在右腳蹬地躍起騰空時完成。

第十三式　護心捶（獸頭勢）

【動作一】身體先快速向左，再快速向右旋轉螺旋下沉，重心先左變偏右，吸氣。同時，沉肩墜肘，含胸塌腰，鬆胯，屈膝合。右腿懸空先逆纏裡轉，再順纏外轉下沉腳落地，膝裡扣，腳踏實，五趾抓地，湧泉穴要虛。左腿先順纏外轉，膝裡扣，腳掌踏實，五趾抓地，湧泉穴要虛。變逆纏裡轉，腳提起離地，腳尖上翹裡轉，向左略偏後跳步以腳跟裡側著地。

同時，雙手左逆右順纏向左下沉（左手由左後上下沉至左胯外，右手由前經胸腹前下沉向左），再變左順右逆纏向左上翻經眼前，左手停住，掌心向右上，腕向後翻，指尖向左前。

右手繼續向右外展開至右眼右前略上方，掌心向右前上方，指尖向左（腕後翻）略偏上。眼隨手旋轉一圈後，再看身左側，耳聽身後（圖13-1，圖13-2，圖13-3）。

【要領】速度很快，雙手右順左逆纏向左下沉，再由左向上向右變左順右逆纏展開時，雙腳同時落地。身體勿左歪右斜。也可練習慢動作。

【動作二】身體先略向右轉，再向左轉螺旋下沉再上升，重心先右後偏左，先吸後呼再吸氣。同時沉肩墜肘，含胸塌腰，鬆胯，屈膝合。左腿先逆後順纏外轉，膝裡扣，腳掌踏實，五趾抓地湧泉穴要虛，右腿先順纏外轉，

圖 13-1

圖 13-2

圖 13-3

膝裡扣，腳掌踏實，五趾抓地，湧泉穴要虛。

　　變逆纏裡轉，腳跟提起離地，以腳尖擦地畫裡弧，併於左腳裡側，腳尖向右外，勿超出左腳尖。同時右手先略

圖 13-4　　　　　　　　圖 13-5

逆纏變順纏下沉，經腹前向上旋，腕後翻，掌心向左上，指尖向右前，位在鼻前中線。同時左手略順纏變逆纏下沉，經腹前向左上展開，腕後翻，掌心向左，指尖向前略偏右，位在左耳右側。眼左顧右盼，耳聽身後（圖13-4，圖13-5）。

【要領】速度較快，動作完整，氣宜鼓蕩，眼神先左後右，顧盼自如。要手腳相合，手領腳隨（合）。

【動作三】以腰為主宰，結合丹田領勁，身體快速向左轉螺旋下沉，重心在左，吸氣。同時沉肩墜肘，開胸，突腹左轉下沉，鬆胯，沉左臀。左腿順纏外轉，膝裡扣，腳掌踏實，五趾抓地，湧泉穴要虛。同時右腿逆纏裡轉，腳尖上翹裡轉，以腳跟裡側著地向右略偏前貼地蹬出。同時右手由鼻前中線，變拳裡勾腕，逆纏向右前上方突腕旋

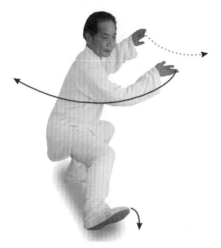

圖 13-6

轉，變順纏後翻腕，位在頭前略上中線，拳心向上，虎口向右後。

　　同時左手在左耳側，變拳逆纏向左略沉畫小弧，變逆纏外翻，虎口向左上，拳心向右上，高與左耳同，眼主要注意力在身右外側，耳聽左後（圖13-6）。

　　【要領】速度特快。右拳向上，右腳向右下貼地蹬出的快速動作同時完成。形成上引下進、上引下擊之勢的對稱勁，肩勿上拔，以免上浮。

　　【動作四】身體向右轉螺旋下沉，重心偏左，呼氣。同時沉肩墜肘，含胸塌腰，鬆胯，屈膝合，左腿逆纏裡轉，腳掌踏實，五趾抓地，湧泉穴要虛。右腿順纏外轉，膝裡扣，腳掌踏實，五趾抓地，湧泉穴要虛。

　　同時右拳逆纏裡勾腕，由頭前上中線下沉至腹前，向

圖 13-7

右經右膝上向右外開，位在右外胯右外上，裡勾腕，拳心向裡左略偏前，虎口向上偏右上。同時左拳由左耳側，順纏外轉裡合至鼻前中線，拳心向裡，虎口向左上。眼先看右再看前，耳聽身左後（圖13-7）。

【要領】速度較緩慢。右重則右虛，左肘與右膝相合，兩膝相合，上下相合。

【動作五】身體向左轉螺旋下沉，重心偏右。先吸後呼氣。同時沉肩墜肘，含胸塌腰，鬆胯，屈膝合。右腿逆纏裡轉，腳掌踏實，五趾抓地，湧泉穴要虛。左腿順纏外轉，膝裡扣，腳掌踏實，五趾抓地，湧泉穴要虛。

同時右拳逆纏裡勾腕，向右後上旋，變順纏外翻腕旋轉向前略上翻（耳右側），裡合至右耳下，變逆纏裡勾腕向前略下沉（上下相合），由胸前向前上變順纏展出，臂

圖13-8

屈半圓，裡勾腕，拳心向裡右偏下，虎口向右上，位在鼻前中線。同時左拳由鼻前中線順纏向前下沉畫弧，經腹前下略向上旋，位在腹略上中線，虎口向前上，拳心向裡上，臂半圓，腕裡勾。

　　眼看右後再看前，耳聽身後（圖13-8）。

　　【要領】速度較緩慢。運勁時上下相合，雙拳在前，上下中線在一條線上，雙臂肘半圓外掤勁不失。接上勢騰空落地時應注意：左腳先落地踏實後，右腳落在左腳的站位，左腳及時地給右腳讓出，並向左蹬出，這是走樁的練法，也是鍛鍊平衡的一種方法，不可忽視。

第十四式　旋風腳

　　【動作一】身體先略向左轉，再向右轉螺旋略上升，

圖 14-1　　　　　　　　　　圖 14-2

再略下沉，重心是右——左——右，先呼後吸氣。同時含胸塌腰，沉肩墜肘，鬆胯，屈膝合。右腿先略逆纏裡轉，再順纏外轉，膝裡扣，腳掌踏實，五趾抓地，湧泉穴要虛。左腿先略順纏外轉，膝裡扣，在逆纏裡轉，腳掌踏實，五趾抓地，湧泉穴要虛。

　　同時左拳由腹前略逆纏向左下沉，再變掌順纏向左上翻，再向右上旋至鼻前中線停，臂彎屈墜肘後翻腕，指尖向左前，掌心向右上。

　　同時右拳由鼻前下略順纏，向左略下沉變掌逆纏由腹胸左前方上翻，經眼前向右上展開，臂彎屈半圓後翻，坐腕，掌心向右前，指尖向左微偏上，高與右眼同。眼先看右前再看左肘外側，耳聽身右後（圖14-1，圖14-2）。

　　【要領】速度較快。雙拳左逆右順纏向左下沉時，運動路線的圈要小而緊湊。變掌時再展開，要緊湊和展開相

圖14-3

結合。兩手間隔距離是由手到肘的寬度。

【動作二】身體先微向右轉，再向左轉螺旋下沉，再上升，重心先右後左，先吸後呼再吸氣。同時，沉肩墜肘，含胸塌腰，鬆胯，屈膝合。左腿先逆纏裡轉，再順纏外轉，膝裡扣，腳掌踏實，五趾抓地，湧泉穴要虛。右腿先微順纏外轉，膝裡扣，腳掌踏實，五趾抓地，湧泉穴要虛。

在逆纏裡轉下沉提起，腳尖略向裡下扣，護左膝。同時左手微向右上順纏，在逆纏下沉經胸腹向左上翻展開，位在左耳側，掌心向左，坐腕，指尖向前偏上。右手先逆纏微向右上，再下沉，變順纏經腹前向前上領勁，位在鼻前中線，掌心向上，指尖向前。

眼左顧右盼再看前，耳聽身後（圖14-3）。

【要領】速度引接勁（右上）要快，下沉時要慢，右

圖 14-4

手帶右腳上提時要快。左實腿略彎曲，右肘與右膝相合，上提右膝時要收腹，吸氣，提肛。身要正，勿歪斜。

【動作三】身體略向右轉螺旋下沉，重心在左後，吸氣。同時，沉肩墜肘，含胸塌腰，鬆胯，略屈左膝，腿逆纏裡轉，腳掌踏實，五趾抓地，湧泉穴要虛。同時右腿順纏外轉，腳尖上翹以腳跟外側著地，腳尖向右前外斜約45度。

同時右手略順纏微上升，以小指領住勁，掌心向上，指尖向前，位在鼻前眼下中線。左手由左側變順纏向左前上，再變逆纏經頭前上，以腕部交叉合於右腕上，掌心向右前，指尖向右前方。

眼左顧右盼再看前，耳聽身後（圖14-4）。

【要領】速度較慢，身要正，勿歪斜。雙手合，腳著地同時完成。

圖 14-5

【動作四】身體向右轉螺旋下沉，重心變右前，呼氣，同時沉肩墜肘，含胸塌腰，鬆胯，屈膝。右腿順纏外轉，以腳跟為軸，腳尖再向右外旋轉約45度，腳掌落地踏實，五趾抓地，湧泉穴要虛，左腿逆纏裡轉，腳跟提起離地，以腳尖為軸隨身旋轉成拗步。

同時雙腕交叉粘連旋轉，雙腕逆纏旋轉。右腕後翻掌心向左前，指尖向左後略偏上。左手腕向後翻，掌心在右臂肘裡側向右外，指尖向右後。眼看左肘尖外側，耳聽身後（圖14-5）。

【要領】動作較緩慢，雙腕交叉雙臂外掤勁不失，兩大腿之間要留有空隙，襠要虛圓。整個動作是向右外轉約90度。

【動作五】身體向右轉螺旋上升，重心在右，吸氣。

圖 14-6

同時沉肩略墜肘，開胸，收腹，吸氣，提肛，鬆胯，略屈右膝裡扣，腿順纏外轉，腳踏實，五趾抓地，湧泉穴要虛。同時左腿逆纏裡轉，腳隨身向左側上裡合踢起。

　　同時雙手由眼前交叉以雙逆纏分向左右展開，左手掌指橫拍左腳裡側，右手掌心向右，指尖向前，左手比肩略高，右手比肩略低，以維持身體平衡。眼看左手左腳，耳聽身後（圖14-6）。

　　【要領】速度較快。左右手分開及左手拍左腳（上下相合）同時完成。身法上要尾閭中正，勿左歪右斜。

　　【動作六】身體微左再轉微下沉（上下相合）再向右後轉180度。螺旋略上升，再下沉，重心先右後略偏左，先吸後呼氣。同時，沉肩墜肘，含胸塌腰。右腿先略逆纏變順纏外轉，以腳跟為軸，腳尖略上翹離地，向右後旋轉180

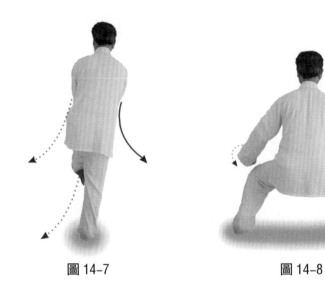

圖 14-7　　　　　　　　圖 14-8

度腳掌落下，五趾抓地，湧泉穴要虛。同時左腿先略順纏
外轉，變逆纏上提裡合隨身右後轉180度，在右腳左邊橫開
一步落地。腳掌踏實，五趾抓地，湧泉穴要虛。

　　同時雙手先分向左右上方，逆纏略開變雙順纏，以左
上右下交叉帶著身體向右後轉變雙逆纏，雙腕左裡右外交
叉合於胸前略上，雙掌心是右掌向左，指尖向左上。左掌
心向右，指尖向右上，隨左腳下落雙手逆纏下沉外開略變
順纏至雙膝外側，勁運中指肚。

　　眼左顧右盼再看前，先吸後呼氣，耳聽身後（圖
14-7，圖14-8）。

　　【要領】上下相合時，速度先略慢轉身下沉時要快，
身體勿左歪右斜。轉身後雙手及腳的開合要協調一致，落
地時要穩。

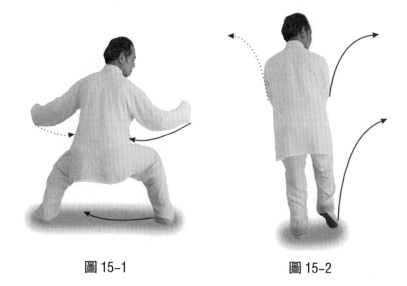

圖 15-1　　　　　　　　圖 15-2

第十五式　右蹬一根

【動作一】身體微右轉再向左轉，略下沉再螺旋上升，重心左——右——左，呼吸為吸——呼——吸氣。同時沉肩墜肘，含胸塌腰，鬆胯，屈膝合。左腿先略逆纏裡轉再變順纏外轉，膝裡扣，腳掌踏實，五趾抓地，湧泉穴要虛。右腿先順纏外轉，膝裡扣，腳掌踏實，五趾抓地，湧泉穴要虛。

再變逆纏裡轉，腳跟提起離地，腳尖點地隨身轉畫裡弧，向左腳裡側虛步腳尖點地併步。同時，雙手先略向上雙逆纏，再變雙順纏略下沉再上升裡合（左外右力雙腕交叉），雙腕略向後翻，右手心向左，指尖向前下。左手向右前，指尖在左前，位在腹前中線。眼先看右再看左再看右，耳聽身後（圖15-1，圖15-2）。

圖15-3

【要領】要穩，欲合先開。指、雙臂、手合時，右手及右腳要同時裡合，合併右腳時要輕靈。

【動作二】身體快速向左轉螺旋下沉再略上升，重心在左，先吸後呼氣。同時，沉肩墜肘，含胸塌腰，鬆胯，屈膝合，再開胸，收腹，吸氣，沉左臀略向右後上翻右臀。左腿順纏外轉，膝裡扣，腳掌踏實，五趾抓地，湧泉穴要虛。同時右腿逆纏裡轉腳提起，腳尖上翹以腳跟向右橫蹬發勁，高與右肩同，腳尖向前略偏上。

同時，雙手變拳先順纏，雙臂肘裡合，再變雙逆纏略向裡，勾腕，雙臂肘成半圓（加強外開前掤勁，含胸塌腰，拔背），分向左右兩側快速逆纏掤出，拳心向下，右拳略高，高與右眼同，左拳略低，高與左肩同。

眼看右腳蹬出方向，耳聽身左後（圖15-3）。

【要領】速度很快。蓄勢如開弓，含胸塌腰，雙臂裡側保持半圓，加強開前的掤勁。發勁如放箭，手腳同時進攻，速度要快，發勁要整，發勁後右腳收回不落地，要上下相合。

第十六式　海底翻花

【動作一】身體快速略向左轉略下沉，重心在左，吸氣。同時沉肩墜肘，含胸塌腰，鬆胯，屈膝合。左腿順纏外轉，膝裡扣腳掌踏實，五趾抓地，湧泉穴要虛。右腿逆纏裡轉，膝合腳提起。

同時右拳逆纏裡轉下沉，與右腳同時收回，至右膝裡側，拳心向裡，虎口向左前。同時左拳逆纏下沉至左大腿左前，拳心向裡，虎口向右前，眼看身右側兼顧左，耳聽身左後（圖16-1）。

【要領】速度很快，立身中正，勿左歪右斜，右手腳同時收回，上下相合。

【動作二】身體快速向右旋轉90度，重心在左，先吸後鼻呼氣，吸長呼短。同時沉肩墜肘，含胸塌腰，收腹，吸氣，提肛，鬆胯，屈膝合。左腿逆纏裡轉，以腳跟為軸，腳尖略上翹隨身向右轉約90度，腳尖落地，腳掌踏實，腳心空。同時右腿順纏裡轉，以腳跟為軸腳尖略上翹，隨身向右裡轉約90度。腳尖落地，腳掌踏實，五趾抓地，湧泉穴要虛。同時右腿順纏外轉，膝裡扣，上提護襠，腳尖裡合向下護左膝。

圖 16-1　　　　　　　　　　　圖 16-2

　　同時右拳逆纏裡合裡勾腕，經腹前左胸變順纏屈肘裡勾腕，經鼻前向右下沉至右膝外下，拳心向上，虎口向右前。同時左拳逆纏向左旋轉開，變順纏向左上翻，屈墜肘，肘裡勾腕，合於左耳左側變略逆纏，拳心向右裡略下，虎口向後。眼先看右兼顧左再看前，耳聽身後（圖16-2）。

　　【要領】動作練時速度很快。要求動作迅速，一氣哈成。此式與上式右蹬一根連起來練，動作要快，發勁要整，上下相合。

第十七式　掩手肱捶

　　【動作一】身體微向左轉螺旋上升，再向右轉螺旋下沉，重心在右後，先吸後呼氣。同時沉肩墜肘，含胸塌腰，鬆胯，屈膝合。左腿先微順纏，膝裡扣，腳掌踏實，

圖17-1

圖17-2

五趾抓地，湧泉穴要虛。變逆纏裡轉，隨身下沉腳尖裡合上翹向左前方邁步，以腳跟裡側著地。

同時右腿先微逆纏裡轉，膝上提變順纏外轉，腳尖向右外轉，隨身下沉震腳，五趾抓地，湧泉穴要虛。同時右拳先略順纏外開墜肘，拳向上翻至右肋，變逆纏勾腕裡合上翻，經胸前上向左前下沉，外勾腕，拳虛握拳心向右，同時左拳變掌微順纏微外開，變逆纏裡合經胸前上向前略下沉，合於右腕臂上略裡勾腕，掌心向右前下，指尖向右前上，雙臂腕交叉點在胸前。眼先看左右再看前，耳聽身後（圖17-1，圖17-2）。

【要領】速度很快，雙手交叉合，身下沉震腳呼氣同時完成，下沉時身要中正勿歪斜，雙臂裡側保持半圓掤勁不失。

【動作二】分三小節

一節：身體向左轉螺旋略上升，重心偏右，吸氣，眼看右兼顧左，耳聽身後。同時沉肩，胸開左旋，鬆胯，右膝屈裡合，右腳五趾抓地。左腿順纏以腳跟為軸，腳尖向左外轉90度。

同時，右拳順纏外開翻轉比右肩略低，在右前方，拳心向上。左掌逆纏裡翻至右胸前，掌心向右前，指尖反貼右肩前，後折腕，臂裡側掤勁不失。

二節：身體向右轉螺旋下沉，重心變略偏左，吸氣，眼先看右拳再左肘前，耳聽右後。同時沉肩，含胸，鬆胯。右膝屈裡扣，右腳五趾抓地。左腿逆纏裡合以腳跟為軸，腳尖上翹裡轉約90度。

同時左掌隨身右轉在原位置（右胸前）略逆纏，左肘隨身右轉約50度。右拳由順變逆纏裡前合，至左肘裡下，拳心向裡。左肘臂裡側變半圈掤勁加強，後折腕，指尖貼右肩前，掌心向右。

三節：身體向左轉螺旋下沉，重心漸變偏左前，呼氣，眼左顧右盼，耳聽身後。同時沉肩，含胸，鬆胯，屈膝。右腿逆纏裡合，右腳五趾抓地。

左腳尖上翹，以腳跟為軸腿順纏略外旋，腳掌落地，腳心空，膝裡扣與右膝合，同時左掌逆纏由右肩前向右外旋開略上，再向左前展開變順纏，勁運中指肚，指尖略偏右上，高度與耳同，掌心向前。右拳由左肘裡下逆纏內旋經胸前下至右膝上自然下垂，拳心向後（圖17-3，圖17-4，圖17-5）。

【要領】三小節連起來是快速動作，充分體現出勁走

圖 17-3　　　　　　　　　　圖 17-4

圖 17-5

　　纏絲，螺旋，腰活似車軸。第一節展開，二節緊湊，三節又展開。這是捲放、展開、緊湊的密切配合協調動作。要求做到展開不散亂，緊湊中又舒展。

圖 17-6

【動作三】身體微右轉上升，再略向左轉螺旋略下沉，重心向左再略向右移偏左前，眼看左前兼顧右後，吸氣，耳聽身後。同時沉肩，含胸，鬆胯，兩膝屈合。左腿先略逆纏再變順纏，右腿先順再變逆纏，兩腳五趾抓地。

同時左手逆纏向左前外略下開，掌心向左前變順纏向裡上略翻轉，掌心向右前上，指尖向左前略下，位在左膝前上，高度與左耳同。右拳逆纏向右下開至右膝上，拳心向右下（圖17-6）。

【要領】可在原地練習，如步子、襠開得大，可調整步（縮小），換襠、磋步練習。此為開勁，雙臂展開，於下面的動作變雙順纏時，兩肩、胯應能很快鬆下來，肩胯、肘膝、手腳、步子、換襠能快速地上下相合。

【動作四】身體向左轉螺旋下沉，重心偏右，呼氣，

圖 17-7

眼左顧右盼再看前，耳聽身後。同時沉肩，含胸，鬆胯。左膝裡扣，右膝合，右腿逆纏，兩腳五趾抓地。同時左手由前上逆纏裡合至胸前上，掌心向右，指尖向前上。右拳由右後上順纏向前裡合下沉至胸前略下變逆纏貼住，裡勾腕，拳心向裡偏右（圖17-7）。

【要領】速度較前兩個動作慢，方向要正，上下相合。左手在前上，右拳在裡後下，要在前後中線上。

【動作五】身體向左轉螺旋上升，重心變偏左前，先吸後呼，眼看右拳，耳聽左後。同時先沉肩，含胸，鬆胯，屈膝合。兩腳五趾抓地。左膝裡扣，右腿逆纏裡合，上下相合。左手略逆纏下沉略向裡後，右拳貼胸下逆纏裡旋，沉肩，墜肘，裡勾腕逆纏上翻，這是蓄勢，吸氣。

隨身左轉螺旋上升，左胯鬆，左膝扣，右腳腿逆纏向

圖 17-8

右後蹬。同時左掌變半虛握拳，逆纏隨左肘向右後下略偏左外發勁，拳心向下，高度與右肩平（圖17-8）。

【要領】蓄勢合時吸氣，動作要穩，上下相合。發勁時身體勿前撲後仰，要立身中正。發勁後，肩胯、肘膝、手腳關節略放鬆。可連環放勁。

第十八式　小擒(打)拿

【動作一】身體快速向右旋轉螺旋略下沉，再向左轉略下沉在螺旋略上升，重心是左——右——左，呼吸為吸——呼——吸氣。同時左腿先逆纏裡轉，再順纏外轉以腳跟為軸，腳尖略上翹，向左轉90度以內，落地變實，五趾抓地，湧泉穴要虛。

再逆纏提起腳離地略裡轉變順纏外轉，腳尖上翹略外

圖18-1　　　　　　　　　圖18-2

轉，以腳跟後外側向前與左腳尖成為直線著地。同時右拳
變掌逆纏略下勾腕，掌心向下（高與右眼同，位在右眼右
前方）變順纏下沉，經胸前向前旋轉出，掌心向上，指尖
向前，高於眼同，同時左手逆纏裡勾腕下沉（上下相
合），掌心向裡，指尖向裡，位在腹部左前略上，向前上
繼續逆纏勾腕，旋轉裡勾，經眼前合於右肘彎處略前，臂
半圓，指尖向右前，掌心向右前下，同時沉肩墜肘，含胸
塌腰，鬆髖屈膝合。眼左顧右盼，再相看前，耳聽身後
（圖18-1，圖18-2）。

　　【要領】速度要快，動作開始要快，如火燙手指，用
腰的抖勁，迅速逆纏抽回。右手變順纏下沉。左手逆纏裡
勾腕向前微下沉，上下相合，肘略慢，要穩。向前上右步
雙手左逆右順纏交叉合要快，邁步要虛、要靈，手合腳落
地。

圖 18-3

【動作二】身體向右轉螺旋下沉，重心偏右，呼氣。同時沉肩墜肘，含胸塌腰，鬆胯，屈膝合。右腿順纏外轉以腳跟為軸，腳尖上翹外轉約近90度落地，腳掌踏實，五趾抓地，湧泉穴要虛。左腿逆纏裡轉，腳跟提起以腳尖為軸裡轉變虛。

同時右手逆纏高與眼同，向右旋轉，手心向右前方，臂半圓後翻腕，指尖向左前，位在右眼右前略上方。同時左手粘連右肘彎裡側逆纏坐腕旋轉，臂屈半圓，指尖向後上，掌心向右，位在右肘裡側，眼看右手再看左肘外側，耳聽身後（圖18-3）。

【要領】速度較慢要穩，右手上掤領住勁，兩腿拗步大腿之間留有空隙，襠內要虛要圓，會陰穴要虛。

【動作三】身體繼續向右轉螺旋下沉，重心在右後，

圖18-4　　　　　　　　圖18-5

吸氣。同時沉肩墜肘，含胸塌腰，鬆胯，屈膝合。右腿順纏外轉，膝裡扣，腳掌踏實，五趾抓地，湧泉穴要虛。

同時左腿逆纏提起腳尖上翹（先肘膝，兩膝相合）裡轉，向左前邁步以腳跟裡側貼地蹬出，與右腳在一條線上。同時右手逆纏向右外略上展開，位在右眼右前略上方，臂半圓後翻腕，掌心向前上，指尖向左前偏上。

同時左手由右肘彎裡側逆纏向左前下沉，位在左膝上，掌心向左下，指尖向前。眼先看右手再看左前，耳聽身後（圖18-4，圖18-5）。

【要領】速度較慢，右手大拇指上掤勁領住勁不丟，左腳向左前邁步貼地鏟出要輕靈，身體勿左歪右斜。

【動作四】身體略微向右轉螺旋下沉，重心偏右後，吸氣。同時沉肩墜肘，含胸塌腰，鬆胯，屈膝合。右腿順纏外轉，膝裡扣，腳掌踏實，五趾抓地，湧泉穴要虛。左

圖18-6

腿略逆纏裡轉，腳跟裡後側著地腳尖略上翹。

　　同時左手順纏上翻至左眼左前，變逆纏墜肘，手裡合，腕略向左外勾，指尖向上，掌心向左前，指尖位在左眼左前方。同時右手由右後上順纏，下沉至右胸略下（屈肘坐腕上下相合）變略逆纏，掌心向左前，指尖斜向前上，指尖高與右胸同。眼看左前方，耳聽身右後（圖18-6）。

　　【要領】速度較快，上、下、左、右、斜、正相合，右手直接以順逆纏下沉至右胸略下，坐腕以大拇指根外側輕貼住右胸下，勿走多餘的圈。

　　【動作五】身體略向左轉螺旋略上升，重心由右後變偏左前，呼氣。同時沉肩墜肘，含胸塌腰，鬆胯，屈膝合。左腿順纏外轉，膝裡扣，以腳跟為軸略向外轉落地，腳掌踏實，五趾抓地，湧泉穴要虛。同時右腿逆纏裡轉，腳掌踏實，五趾抓地，湧泉穴要虛。

圖18-7

同時左手逆纏裡轉略下沉，向左前略推出發勁，掌心向左前方，指尖向右上方，高與鼻尖同。同時右手逆纏微下沉向左前略上推出發勁，掌心向左偏下，指尖向左前上，高與胸部同，眼看左前方，耳聽身右後（圖18-7）。

【要領】速度要快，發勁向左前方，需鬆右後胯，以求身體穩定，形成對稱的勁。發勁時要富有彈性，勿僵直。

第十九式　抱頭推山

【動作一】身體快速向右轉螺旋略上升，在快速向左轉螺旋下沉，重心是左——右——左，先吸後呼氣。同時沉肩墜肘，胸開右旋，再含胸塌腰，鬆胯，屈膝合。左腿先逆纏裡轉變順纏外轉，膝裡扣，腳掌踏實，五趾抓地，湧泉穴要虛。同時右腿先順纏外轉，膝裡扣，再逆纏裡轉腳掌踏實，五趾抓地，湧泉穴要虛。

圖 19-1　　　　　　　　　　圖 19-2

　　同時雙掌變拳虛握雙順纏外加小弧圈經向左前及右後分開，左拳位在左肩左前方，屈臂半圓墜肘向裡上勾腕，拳比左肩略高，距左肩約35～40公分左右，拳心向裡偏下，虎口偏左上方。右拳位在右肩前，高於肩同，拳心向裡偏下，屈臂墜肘向裡上勾腕，虎口向左後方。

　　然後雙拳變雙逆纏裡轉。右拳在右肩前略向外後，再向裡旋向前繞一圈經胸前向前下沉，臂外掤半圓，腕向右後外勾，位在左膝裡側前略下，拳心向右後外方。同時左拳位在左肩左前方裡轉，略向左前上再向中線略走上弧，再略下沉合於右臂肘略上方，屈臂向左前下墜肘，拳心向前下方，略向左外勾腕，左拳高度在右胸前。眼先左顧右盼再看左前下方，耳聽身後。（圖19-1，圖19-2）。

　　【要領】速度很快，身法運用要以腰為主宰，做到欲左前先右後，即是「欲合先開」，頂勁領起，氣宜鼓蕩，要做到緊湊和展開結合起來。

【動作二】身體快速略上左轉略下沉，再向右後轉螺旋上升約180度，重心是左——右——左，先呼後吸氣。同時沉肩墜肘，含胸塌腰，鬆胯，屈膝開合。左腿先順纏外轉，膝裡扣，腳掌踏實，五趾抓地，湧泉穴要虛，再隨身逆纏裡轉，以腳跟為軸裡轉約近約90度角，腳掌著地變實，五趾抓地，湧泉穴要虛。同時右腿先逆纏裡轉是虛，變順纏外轉，膝裡扣，腳掌踏實，五趾抓地，湧泉穴由虛變實（當左腳尖裡轉後，腳掌踏實後），腿繼續順纏外轉腳跟提起，以腳尖點地變虛，略畫小外弧，收回虛步腳尖著地並於左腳裡側前。

同時雙臂交叉，雙拳逆纏略向左下方沉（雙腕交叉粘連旋轉），再向上以順纏上掤起，經胸前至唇前（身隨手轉）略向下沉於胸前略上，左裡右外粘連腕交叉向裡上勾，交叉點腕部在胸前，雙拳心向裡略下，雙臂彎屈半圓掤勁不失，雙拳高度與下頜同，距頜部約35公分左右。眼瞻前顧後，耳聽身後（圖19-3，圖19-4）。

【要領】速度很快，運勁即身法運用上要「欲右先左，欲後向前」轉身後要中正，背勁不丟。

【動作三】身體先略向右轉略上升，再向左轉螺旋略下沉，重心偏左後，先吸後呼氣。同時沉肩墜肘，含胸塌腰，鬆胯，屈膝開合。左腿先逆纏裡轉，再順纏外轉，膝裡扣，腳掌踏實，五趾抓地，湧泉穴要虛。同時右腿先順纏外轉，膝裡扣，腳尖著地，再逆纏裡轉，腳尖點地為軸，膝裡合。同時雙拳變掌，雙腕仍交叉粘連旋轉。以雙順纏掌心向裡，指尖向上略起過頭頂上旋（同時身法略下

圖 19-3

圖 19-4

沉），再變雙逆纏下沉至下頜前，分向右前及左右展開，
雙臂展至七八分。

　　雙腕裡勾，右掌虎口向上，掌心向裡後，指尖向左偏
後，高於嘴同。左掌位在左胸左前，掌心向左胸，高與下
頜同，距下頜約45公分。這時的身法運用是胸開，突腹，
鬆胯，偏向右後上翻臀部，兩膝開中有合，右腳跟提起離
地較前高，眼左顧右盼再向右前看，耳聽身後（圖19-5，
圖19-6，圖19-7）。

　　【要領】動作練時速度：雙手雙順纏上引較快，雙逆
纏略下沉分向右前、左後，分開略慢一些。雙手順纏上引
時動作要輕靈，同時身向下略沉，雙逆纏右前左後分開時
略慢，動作要舒展大方，周身掤勁不丟。

圖 19-5　　　　　　　　　　圖 19-6

圖 19-7

　　【動作四】身體快速向左轉螺旋下沉，重心由左後下沉向右前移偏右，先呼後吸氣，同時沉肩，開肘，開胸，突腹左旋，鬆胯，屈膝，沉左臀向右後上翻右臀。同時以

圖 19-8

左腳前掌點地為軸（或腳掌點地略騰空順纏外轉約45度，落地變實），順纏外轉約45度，腳跟落地，腳掌踏實，五趾抓地，湧泉穴要虛。再變逆纏裡轉腳掌踏實，五趾抓地，湧泉穴要虛。

　同時右腿逆纏裡轉，以腳尖點地提起，屈膝裡合，腳尖上翹向右前方邁一大步，以腳跟裡側著地，變順纏外轉，膝裡扣，腳掌落地踏實，五趾抓地，湧泉穴要虛。

　同時雙肘外開上挑，雙手逆纏裡轉外翻，向後翻腕，雙手指尖後翻至兩耳下腮旁，左掌心向右前，右掌心向左後，然後身再向右略轉螺旋下沉。同時沉肩墜肘，含胸塌腰，鬆胯，屈膝。

　同時雙手順纏下沉至胸前，再向右前略上推出，右手略在前、在上，掌心向右前，指尖向上偏左。左手略向後再左下，指尖向上。雙手指尖高於下頜同。眼左顧右盼，再向右前看，耳聽身後（圖19-8）。

【要領】速度較快，雙手逆纏裡轉外翻，雙肘開，上挑的同時，身體要向左轉下沉形成對稱勁。雙手順纏向右前略上推時，要鬆胯沉左臀，形成右前即左後的對稱勁，雙手間隔勿太寬，雙手間隔中線下對右膝，以求上下左右斜線相合。

第二十式　三換掌（含肘底捶）

【動作一】身體向右轉螺旋略下沉，再向左轉螺旋下沉，重心先偏左後再偏右前，先吸後呼氣。同時沉肩墜肘，含胸塌腰，鬆胯，屈膝旋轉開合，左腿先逆纏裡轉，再順纏外轉，膝裡扣，腳掌踏實，五趾抓地，湧泉穴要虛。右腿先順纏外轉膝裡扣，再逆纏裡轉，腳掌踏實，五趾抓地，湧泉穴要虛。

同時雙手在前以雙順纏外翻左前右後旋轉合勁，左手臂略彎屈，掌心向上，指尖向前略偏左，高與鼻尖同。右手臂彎屈腕後翻，掌心向左偏上，指尖向前偏右，位在左肘彎前上，以小指掌外緣輕輕貼在左肘前上，然後雙手臂變雙逆纏（先上下相合），再向左後略下沉及向右前上錯開，左手心向上略偏裡，指尖向前偏上，位在右前手裡偏下，指尖位在右肘彎裡邊略偏前。

右手臂半圓腕後翻，掌心向右前，指尖向左後略偏上，中指高與鼻尖同。眼看前兼顧左右，耳聽身後（圖20-1，圖20-2）。

【要領】速度稍快。動作以腰為主宰，身向右轉雙手順纏左前右後旋轉開合時，要鬆髖。右膝裡扣，身體向左

圖 20-1　　　　　　　　　　圖 20-2

轉，雙手逆纏開時鬆左胯，左膝裡扣，兩腳五趾抓地，以
形成襠膝的開合。

　　【動作二】以腰為主宰，身體快速先向左轉，再向右
轉螺旋下沉，重心先向右前再變偏左後，先吸後呼氣。同
時沉肩墜肘，開胸，突腹左旋，鬆胯下沉，左臀向左後上
翻。再含胸塌腰，鬆胯，屈膝，沉左臀，右臀向右後上
翻。左腿先順纏外轉，膝裡扣，腳掌踏實，五趾抓地，湧
泉穴要虛，右腿先逆纏裡轉，變順纏外轉，膝裡扣，腳掌
踏實，五趾抓地，湧泉穴要虛。
　　同時右手先逆纏向右前上開，變順纏下沉收回合於左
肘下，用食指貼住，臂彎屈腕略向裡勾，掌心向裡，指尖
向左。同時左手逆纏裡轉（沉肩略墜肘）外下略勾腕向
裡，略下沉，經胸前坐腕後翻手（手心向前），向前上方
變順纏，臂半圓掌心向右前，指尖向上略偏右，中指高與

圖 20-3

鼻同。眼看前兼顧左右，耳聽身後（圖20-3）。

【要領】速度很快。胸、腰、胯、臀部的開合、旋轉、折疊運化時，要體現出拳理規定「緊要全在胸中腰間運化」的練習方法，雙手由雙逆纏變雙順纏旋轉開合時，全在胸前折疊變化，身體左右旋轉方向角度不大。

【動作三】以腰為主宰，結合丹田帶動身體快速略向左轉開合折疊螺旋下沉，重心偏右前，吸氣。同時沉肩墜肘，開胸，突腹，鬆胯，翻左臀，沉肩，外突右臂，屈膝旋轉開合。左腿略順纏外轉，膝裡扣，腳掌踏實，五趾抓地，湧泉穴要虛。同時右腿逆纏裡轉，腳掌踏實，五趾抓地，湧泉穴要虛。

同時左手在前順纏裡勾腕，腕由鼻尖前向右前略上翻轉，突出彎背，掌心向裡略偏下，指尖向裡偏下，高與眼

圖 20-4

同，同時右手在左肘下逆纏裡轉向前上掤出，臂半圓後翻腕，掌心向右前偏上，指尖向左後，位在左手裡上方。眼看前兼顧左右，耳聽身後（圖20-4）。

【要領】速度很快，雙手向左前上翻轉上掤時，要沉肩，鬆胯，沉臀，形成右上及左下斜線對稱勁，以保持身體「支撐八面」的中定勁。動作開合運勁時要充分體現胸腰運化及開合旋轉折疊的勁。

三換掌連起來練時，三個動作要以腰為主宰，結合丹田帶動，第一動作稍快，第二動作快，第三動作很快。雖然從速度上由稍快到很快，但動作要快而不亂，要有節奏，分出層次，形成蜻蜓點水，波濤似地一浪高一浪。

【動作四】身體向右轉螺旋略上升，先吸後呼氣，重心由右變略偏左，同時沉肩墜肘，開胸旋轉，後上翻臀，

圖 20-5   圖 20-6

腹前下沉，鬆胯，圓襠，屈膝旋轉。再沉肩墜肘，含胸塌腰，收臀鬆胯，扣襠屈膝合，左腿逆纏隨勢跟步於右腿旁，距右腳約一肩寬，面向場地的右前方，腳尖點地為軸膝裡轉，右腿順纏，膝裡扣，五指抓地，湧泉穴要虛。

同時左手先略逆纏略外下開，變順纏從身左側向上翻裡合；右手先略逆纏再變順纏從前下沉，經腹前至左肘下以虎口輕輕托住，虛握拳裡折腕。右肩沉墜肘，臂裡側要圓，掤勁不失。眼看前，耳聽身後（圖20-5，圖20-6）。

【要領】動作要放鬆、舒展，速度緩和，身正勿歪。

第二十一式　擺蓮跌叉

【動作一】身體快速向右略旋轉略下沉，重心由左移右，先快短呼再吸氣。同時沉肩墜肘，含胸塌腰，鬆胯，

圖 21-1

先合後圓襠，屈膝，右臀向右後上翻。右腿略順纏，腳掌踏實，膝裡扣，五指抓地，湧泉穴要虛。

　　左腿逆纏裡轉，腳提起向左側後方邁一步，腳尖上翹裡合，以腳跟裡側著地。

　　同時左手略順纏至鼻前中線，右手由左肘下逆纏向右上展開領勁，位在右眼右前方，臂半圓腕後翻，掌心向右前略偏上，指尖向左前，耳聽身右後（圖21-1）。

　　【要領】動作練時速度很快。重心虛實變化、邁左步及雙手向右上掤同時完成。

　　【動作二】身體快速向右旋轉約近180度螺旋下沉，重心由右移左，呼氣。同時沉肩墜肘，含胸塌腰，鬆胯，合襠，沉左臀，屈膝。左腿逆纏，以腳跟為軸腳尖裡轉約45度，腳掌落地踏實，五趾抓地，湧泉穴要虛。

圖21-2

右腿順纏，膝裡扣，五趾抓地，湧泉穴要虛；或以腳跟裡側著地，腳尖上翹裡合。

同時左手逆纏領勁由鼻前下沉至兩膝前略下，指尖向右上；右手變順纏領勁向右下沉右膝外略下，掌心向右下，指尖向上偏左。眼看雙手，耳聽身後（圖21-2）。

【要領】動作速度很快，身體快速向右逆轉下沉，襠要合住勁，手腳、肩胯、肘膝上下相合。

【動作三】身體快速向右轉螺旋略上升，再略下沉，再向左轉螺旋上升，重心全部在左腿，先吸後呼，再吸氣。同時沉肩略開胸，突腹，鬆胯，合襠，後左上翻臀。再含胸塌腰，鬆胯，扣襠，屈膝，沉左臀。再開胸，突腹，左旋下沉鬆胯，腳蹬地身左轉上升。

左腿逆纏裡轉，先屈膝上升，再略下沉變順纏外轉，

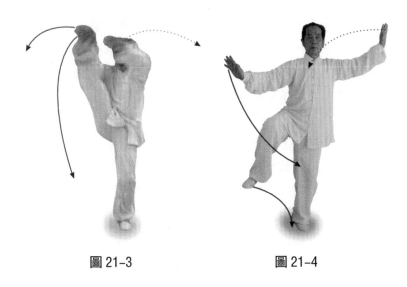

圖 21-3　　　　　　　　圖 21-4

膝裡扣，腳掌踏實，五趾抓地，湧泉穴要虛。腳跟蹬地身
上升略屈膝，再逆纏裡轉腳心空。

　　右腿順纏外轉，膝裡扣，先略上升再屈膝略下沉，腳
蹬地變逆纏由右下向左上（高與胸齊）裡合，再變順纏，
腿略屈向右外上擺。

　　同時雙手由右膝兩側略下方以左順右逆纏略上翻，變
左逆右順纏向右膝兩側下沉，再向身右側略下（與右腳左
上裡合方向相反，右腿向右外上擺略下沉時雙手再向左上
與右腳合拍），然後再向左前上與右腳左右上下相合，拍
右腳面外側。

　　拍完後，雙手、肘、腕放鬆。左手屈肘位於胸前，掌
心向左外略偏下，右手位在右膝外上，掌心向右下，指尖
向右下。右膝屈上提，腳腕放鬆。眼左顧右盼，再看手腳
合，耳聽身後（圖21-3，圖21-4）。

【要領】動作練習速度很快，要求胸、腰、丹田、臀、膝上升——下沉——上升，開合折疊反覆兩次。上下左右相合，身體勿左歪右斜，擺右腿與雙手上下左右相合時，手臂與腿彎屈勿直，要放鬆合拍。

【動作四】① 身體向左轉約90度螺旋下沉，重心由左移右，吸氣。同時沉肩墜肘，含胸塌腰，鬆胯，合襠，收腹屈膝合，右腿由右前上隨身逆纏裡轉，腳尖略上翹裡合，下沉震腳，五趾抓地。同時左腿順纏外轉，膝裡扣，（右腳下沉震腳同時）腳跟提起離地，以腳尖虛步點地。同時右手由右膝右外上方變拳順纏下沉畫弧，經身右側至胸前，拳心向上，虎口向右前。同時左手由右膝左上方變拳逆纏裡轉合在右腕上，拳心向下虎口向右，雙腕交叉點在胸前略下約30公分，眼先看右前再看左前方，耳聽身後。

② 身體快速向左轉約90度螺旋下沉，重心由右全部移到右腿，呼氣。同時快速沉肩墜肘，含胸塌腰，鬆胯，合襠，收臀，屈膝合。右腿由右前上快速逆纏裡轉，腳尖略上翹裡合，下沉震腳，五趾抓地，湧泉穴要虛，同時左腿快速順纏外轉，膝裡扣向上提起，腳尖略上翹連腳跟上提離地。同時雙手變拳，以左逆右順纏快速合勁，交叉合於胸部前略下，眼左顧右盼，耳聽身後（圖21-5）。

【要領】這個動作練時方法有兩種動作，動作四①較慢動作。動作四②迅速。動作四①手合下沉震右腳，左腳跟提起腳尖點地變虛步，呼氣。同時完成，要左右上下相合。動作四②雙腕交叉下沉右腳，左腳膝部快速向上提

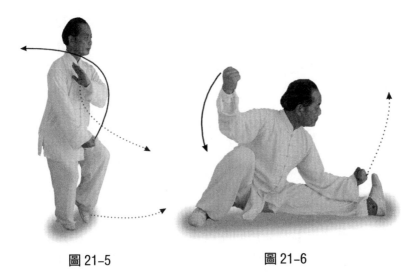

圖 21-5　　　　　　　圖 21-6

起，呼氣，快速同時完成，上下左右相合更明顯。

　　【動作五】身體略向右轉螺旋下沉，重心偏右呼氣。
同時沉肩墜肘，含胸塌腰，鬆胯，屈膝合，左腿逆纏裡
轉，腳尖上翹裡合，向左側前以腳跟裡側著地蹬出漸變順
纏，腳尖向上，腿全部貼地，左臀部略懸變虛。右腿先順
纏外轉，屈膝下沉裡扣，腳掌踏實，五趾抓地，湧泉穴要
虛，變逆纏裡轉，屈膝裡合，下沉用膝和腳裡側著地。同
時左拳變順纏下沉（與左腿同時）向左側前略上沖，位在
左膝前略裡上，臂略屈伸展到七八分，拳心向裡上。
　　同時右拳變逆纏裡轉，裡下略勾腕，與左腕粘連旋
轉，由左腕外向側後上提起，位在右眼右側外後略上方，
臂半圓裡下勾腕，拳虛握，拳心向下偏左前方。眼看左側
前，耳聽身右後方（圖21-6）。

【要領】速度很快，從空中跌下，故名跌叉。但在練習時可隨著熟練程度由慢逐漸加快，以符合要求。但為了適合年老體弱的人練習，難度可減低，不必跌下，能做到下勢即可。從空中快速下沉跌叉，身體勿左歪右斜，勁在左拳及左腿跟，腳尖向上勿向左側歪斜，重心偏右，左臀部略懸變虛，動作以能做到快速跌下向左側前衝出，蹬出為準。

第二十二式　左右金雞獨立

【動作一】身體略向左轉螺旋上升，重心由右後全部移到左腳，先呼後吸氣。同時略沉肩墜肘，含胸塌腰，鬆胯，屈左膝，斂臀。左腿順纏外轉，以腳跟為軸，腳尖向左外轉約45度，腳掌踏實，五趾抓地，湧泉穴要虛。同時右腿逆纏裡轉（當左腳變實後）右膝腳上提護襠，腳尖向裡下護左膝，同時左拳由左膝前上領勁逆拳心向裡、向左側前上沖之下頦。同時右拳由右後上順纏向側後下沉，經身右側至腹前拳心向裡（與右腿同時向上）變逆纏由中線向前。左拳心裡上沖至下頦。

雙拳變掌以雙逆纏經鼻前和胸前下分向右略前上托及左側下沉採。右手位在頭略右前上方，臂伸展七八分，掌心向右前上後翻腕，指尖向左。左手位在左大腿外側略前，臂伸展至七八分，掌心向下，指尖向前，眼先看左拳再看右拳，再看右上兼顧左下，後前看，耳聽身後（圖22-1，圖22-2，圖22-3）。

【要領】練時動作速度較快。由上式跌叉坐地向左側上沖起時，右臀部跌叉坐地彈起，以左側前腳跟及右腳掌

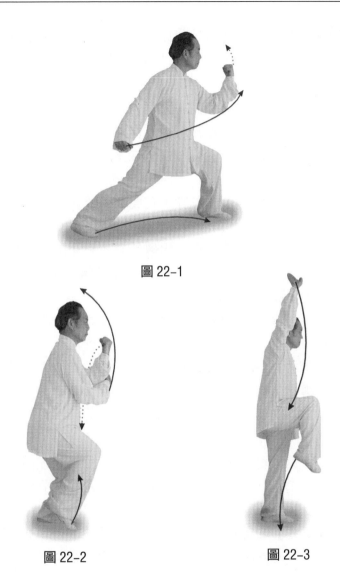

圖 22-1

圖 22-2　　　　　　　　　圖 22-3

裡側著地，借彈力隨左右拳身向左上沖起。左實腿鬆胯，
膝略彎屈，腳趾抓地。右腿膝腳隨右臂拳上沖變掌托起隨

鬆胯向上提膝，做到上下相隨。上沖托起時要收腹，吸氣，提肛，身體要正，勿左歪右斜。

【動作二】身體微向右轉微下沉（蓄勢準備上跳），再略向左轉（利用左實腳蹬地反作用力），螺旋上升跳起，身騰空左腳離地，再身體略向右轉螺旋下沉，重心在左腳，先短快呼變吸，再下沉呼氣。同時先略沉肩墜肘，略含胸塌腰，鬆胯，屈左膝，在開胸，收腹，吸氣，提肛，變沉肩墜肘，含胸塌腰，鬆胯，屈膝，收臀下沉，同時左腿先微逆纏裡轉，再略順纏外轉，利用地上反作用力，腳蹬地隨身騰空跳起，再變略逆纏鬆胯，屈膝下沉震腳變實，五趾抓地，湧泉穴要虛。

同時右腿、膝先微順纏外轉，再隨右手逆纏向上提膝變略順纏，鬆胯，屈膝下沉震腳，五趾抓地。

同時右上手領勁先微順纏略下沉，變逆纏向右略前上托起，再變順纏經右肩下沉至右大腿右前外近側變略逆纏下按，掌心向下，指尖向前略偏左，同時左手先微順纏放鬆變逆纏向左外下（與右手形成斜線的開勁）略展變微順纏略向下鬆再變逆纏向下沉按，位在左大腿近旁左前外側上方，掌心向下，指尖向前微偏右，眼先看右上兼顧左下，再看前下，耳聽身後（圖22-4）。

【要領】速度較快，身體要正，勿左歪右斜。身體下沉時，左腳先右腳後震腳，雙手下沉呼氣，震腳動作完整一氣，同時完成。

【動作三】身體快速以腰為主宰，結合丹田帶動向左

圖 22-4　　　　　　　　圖 22-5

旋轉約45度，螺旋下沉，重心在左，吸氣。同時沉肩墜
肘，開胸，突腹向左上沉，鬆胯，沉左臀，後翻右臀，屈
膝。左腿順纏外轉，膝裡扣，腳掌踏實，五趾抓地，湧泉
穴要虛。同時右腿逆纏裡轉以腳跟著地，腳尖上翹裡合向
右側貼地鏟出。

　　同時左手先順纏向右胸前上翻，變逆纏經鼻前中線向
左側前略畫上弧展開，位在左眼左前方，後翻腕，掌心向
左前，指尖向左前上。同時右手先逆纏向右側外開至右肩
右前略下時，變順纏略畫上弧裡合，至鼻前中線，臂屈懸
肘後翻腕，掌心向上略偏左，指尖向右前上，眼先看手即
看身右側，耳聽身後（圖22-5）。

　　【要領】速度很快，做到上引下進，手引步進，同時
完成。

【動作四】身體向右轉約45度螺旋下沉，再略上升重心由左移右，呼氣，同時沉肩墜肘，含胸塌腰，鬆胯，屈膝合。右腿順纏外轉，腳跟為軸，腳尖向右外轉約60度，腳掌踏實，五趾抓地，湧泉穴要虛。

同時左腿逆纏裡轉，漸變虛腳跟提起離地，腳尖擦地畫裡弧虛步，腳尖併於右腳裡側旁。

同時右手逆纏由鼻前下沉經胸腹兩膝前向右側外下按，位在右膝右側外，掌心向右外下，指尖向前略偏上。同時左手順纏略向左外下沉，經左膝至腹前上托，位在胸前掌心向上微偏右，指尖向前，腕部距離胸約25公分左右，眼先看右手再看左手，耳聽身後（圖22-6）。

【要領】速度稍慢，立身中正，重心移動要走下弧，勿上晃。

【動作五】身體略向右轉（先合蓄勢）再螺旋上升，重心全部放在右腿，呼吸要先快短呼再吸氣。同時略沉肩墜肘，含胸塌腰，收腹，吸氣，提肛，斂臀。右腿順纏外轉略屈，右膝裡扣，腳掌踏實，五趾抓地，湧泉穴要虛。同時左腿逆纏裡轉，左膝隨左手向上提起，腳尖向右裡下護右膝。

同時左手由胸前逆纏旋轉向上至下頜（左膝隨）向左側前上托起，位在頭左側前上，掌心向上，指尖向右。同時右手逆纏向右側下按，位在右大腿右側略前方，掌心向下，指尖向前，眼先看左手兼顧右手，再看前下，耳聽身後（圖22-7）。

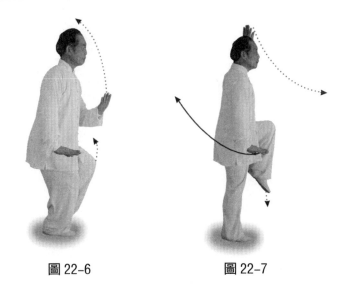

圖 22-6　　　　　　　圖 22-7

第二十三式　　倒捲肱

【動作一】身體向右轉，螺旋略下沉，沉肩，開胸，右轉臀向左後上翻，突腹前下沉，鬆胯，圓襠，屈膝。左腿逆纏略下降，膝裡合於右膝之上，腳尖裡轉上翹。右腿順纏，膝裡扣，腳五趾抓地。同時左手向左前外順纏下沉，高與左肩同。指尖向左前，掌心向左前下。右手臂順纏向後上提起，略低於肩，指尖向右後，掌心向下，位在右大腿右後方，同時呼氣。眼瞻前顧後（圖23-1）。

【要領】動作是上開下合，右腿旋轉支撐要穩。上體開中寓合。

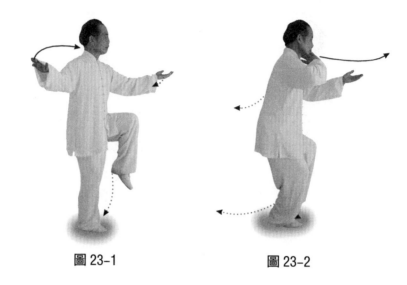

圖 23-1　　　　　　　圖 23-2

【動作二】以腰為主宰，結合丹田領勁，身體向左轉螺旋下沉。同時沉肩墜肘，開胸旋轉，再含胸塌腰，腹前突下沉，右後臀上翻，再塌腰斂臀，鬆胯，合襠，屈膝旋轉合。左腿順纏略下降，左膝裡扣，腳尖合於右腳裡側。右腿逆纏裡轉膝裡合，五趾抓地。以腰帶動兩膝旋轉，先開後合。

同時左手順纏向左前外略下沉再上翻後折，腕裡合，經左眼前至鼻前中線至，掌心向右，指尖斜線前上後折腕，左肘向左下墜，與膝相合。同時右手從右後順纏經身後折腕變逆纏，指尖向後在右耳腮處，掌心向左上，墜肘。左前手與右後手在一條線上，先吸後呼，連續動作吸氣，眼瞻前顧後（圖23-2）。

【要領】速度較快，腰活似車軸，兩肘略下沉，兩手前後相合，掤勁不失。

圖 23-3

【動作三】身體向左轉螺旋下沉，重心偏右，呼氣，眼左顧右盼。同時沉肩，鬆胯，圓襠，屈膝。右腿逆纏，腳五趾抓地。同時左腿先逆纏後變順纏，以腳尖裡側向左後先畫裡弧，再向左外落腳，腳尖略向外。同時左手由左上變逆纏下沉，經胸前至腹部前向左側展出略順纏，勁運中指肚。

掌心向下，指尖向左前下，位在左大腿左前上。同時右手以右耳處，粘連旋轉逆纏上翻變掌後折腕，經胸前掌心向前指尖向左後，向前上展出至眼前中線再向右外展出略變順纏，勁運中指肚，位在右前方，高與鼻同，掌心向右前，指尖向上略偏左，耳聽身後（圖23-3）。

【要領】退一步落下後，左腳尖略向左前，勿太向左外方，要給下步創造條件，以免再退步時左腳尖亂動，影響身法動作準確。此動作上下皆是開勁，立身中正，不可

圖 23-4

左右歪斜。

【動作四】身體向左轉螺旋略下沉，重心偏右前吸氣。同時沉肩，開胸，左轉腹前突，略向後上翻臀，鬆胯，圓襠，屈膝。右腿逆纏，左腿順纏，膝裡扣，雙腳五趾抓地。同時雙手分向右前外與左側後外略順纏開展。右手在右前方，高與肩同，掌心向前下，指尖向右前上。左手指尖向左後下，掌心向下（圖23-4）。

【要領】此動作是「欲合先開」，動作輕靈，速度很快，以腰為主，身體勿左歪後仰，旋轉勁不失。

【動作五】身體向右轉螺旋下沉，同時沉肩墜肘，含胸塌腰，沉左臀翻右臀，鬆胯，合襠，屈膝，左腿逆纏，右腿順纏，接兩膝旋轉開合，兩腳五趾抓地。同時重心右前變偏左後。左手從側後下順纏，屈墜肘，後折腕上翻，

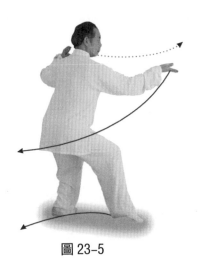

圖 23-5

至左耳下近腮處。

　　指尖向後，掌心指尖向後，掌心向前略上。同時右手變順纏向右前外略下沉，再向右前上翻，高度與眼同。裡合變逆纏至鼻前中線，指尖斜向前上掌心先左，先吸後呼。眼瞻前顧後（圖23-5）。

　　【要領】速度較快，要活似車軸，左手後位肘略向左前下墜，前右手腕外後翻，肘向右外略下沉，掤勁不失。前右手左後前後中線相對上下相合。

　　【動作六】身體向右轉，螺旋下沉，重心變偏左前。同時沉肩墜肘，含胸塌腰，沉左臀翻右臀。先合後圓胯，屈膝。左腿逆纏，腳五趾抓地。同時右腿先微順纏，腳跟提起，以腳尖裡側，變逆纏，畫裡弧向右後外退步變順纏，腳尖略向右前方，腳跟落下。

　　同時右前手逆纏下沉。左後手逆纏向前上從胸前中線

圖 23-6 　　　　　　　圖 23-7

交錯畫裡弧，左前右後再分向至左前方及右後側外方展出變順纏，勁運中指肚。左前手指尖向前上，掌心向前下，高與肩平。右手在右大腿外側，指尖向右前，掌心向下，呼氣，眼瞻前顧後（圖23-6）。

【要領】動作與動作三退步腳相反，其他相同。

【動作七】身體繼續向右轉，螺旋略下沉，沉肩，開胸，右轉臀向左後上翻，突腹前下沉，鬆胯，圓襠，屈膝。左腿逆纏，腳五趾抓地，重心偏左前。右腿順纏，膝裡扣，腳五趾抓地。

同時左手向左前外順纏下沉，高與左肩同。指尖向左前，掌心向左前下。右手指尖向右後，掌心向下，位在右大腿右後方，同時呼氣。眼瞻前顧後（圖23-7）。

【要領】動作與動作四方向相反動作相同。

圖 23-8　　　　　　　圖 23-9

【動作八】以腰為主宰，結合丹田領勁，身向左轉螺旋下沉，重心變偏右後。同時沉肩墜肘，開胸旋轉，再含胸塌腰，腹前突下沉，右後臀上翻，再塌腰斂臀，鬆胯，合襠，屈膝旋轉合。左腿順纏左膝裡扣，腳趾抓地。右腿逆纏裡轉膝裡合，五趾抓地。以腰帶動兩膝旋轉，先開後合。同時左手順纏向左前外略下沉再上翻後折腕裡合，經左眼前至鼻前中線止，掌心向右，指尖斜線前上後折腕，左肘向左下墜，與膝相合。

同時右手從右後順纏經身後折腕變逆纏，指尖向後在右耳腮處，掌心向左上，墜肘。左前手與右後手在一條線上，先吸後呼氣，連續動作吸氣，眼瞻前顧後（圖23-8）。

【動作九】同動作三，故省略（圖23-9）。

【要領】腰活似車軸，與動作五方向相反，練法相同。

第二十四式　退步壓肘

【動作一】分兩節

一節：以腰為主宰結合丹田領勁，身向左轉螺旋下沉，沉肩略墜肘，胸開左轉，腹部左轉向前突出下沉，鬆胯，屈膝，臀部左轉偏右上翻，重心由右變略偏左，吸氣，同時右腿逆纏裡轉。左腿順纏，膝裡扣，兩腳踏實，五趾抓地，湧泉穴要虛。同時右手逆纏展開變順纏，向右前外開略下沉，高度與右肩同。

掌心向右前方，指尖向上，位在右肩的右前方。同時左手在左大腿外前方略逆纏，以大拇指領勁向左側後畫小半弧外加掤勁，位在左大腿外側掌心向下，指尖向前略偏下。眼先看右手兼顧左手，耳聽身後。

二節：身體繼續左轉螺旋下沉，沉肩略墜肘，胸開左轉漸含，腹左轉略前突下沉，鬆胯，屈膝合。臀部左沉右後前旋轉略突出，略上翻起，吸氣，重心由左後變偏右前。同時右腿繼續逆纏裡轉。左腿順纏外轉，膝裡扣。兩腳踏實，五趾抓地，湧泉穴虛。

同時右手在右前方順纏裡合，隨身左轉，略畫下弧再向左略上以小指領勁，至鼻前中線。向右後折腕，掌心向左前偏上，指尖向右前。同時左手逆纏以大拇指領勁，繼續向左側後轉，畫小半外弧，加強掤勁，位在左胯外約30公分掌心向左下，指尖向右前略偏下，眼瞻前顧後，耳聽身後（圖24-1）。

【要領】一節右手外開，左轉是開勁，要做到橫向是

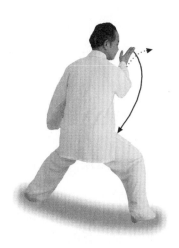

圖 24-1　　　　　　　　　　　圖 24-2

開，上下相合。二節右手順纏裡合時速度稍快一些，與左手要左右呼應合住勁。左手逆纏在左下方與右手斜向形成對稱外加掤勁。練分節動作可較慢，練連續動作速度快。

【動作二】身體向右轉，螺旋下沉，沉肩墜肘，含胸塌腰，鬆胯，屈膝合，吸氣。同時左腿逆纏裡轉，右腿順纏外轉，膝裡扣，兩腳踏實，五趾抓地，湧泉穴要虛。同時右手變逆纏先上下相合，再向右略畫上弧展開。

掌心向右前方，指尖向上略偏左，指尖高與眼同，位在右前方。同時左手變順纏先上下相合略下沉，從身左側向右畫外弧至腹前中線，左後翻腕，掌心向右前方，指尖偏左下，距腹部約五拳之隔。重心由右前變偏左。眼先看右手兼顧左，耳聽身後（圖24-2）。

【要領】分節動作練得慢，連續動作速度快，橫向的開

勁，兩手左上右下要相呼應合住勁。下盤要合住勁。肩、胯、肘、膝、手、腳上下相合。欲橫向開，手先上下相合。

【動作三】分兩節

一節：以腰為主宰結合丹田領勁，身體向左轉螺旋下沉，沉肩略墜肘，胸開左轉，腹部前突左轉下沉，鬆胯，屈膝合，左腿順纏外轉，膝裡扣。右腿逆纏裡合。兩腳踏實，五趾抓地，湧泉穴虛。

重心下沉變偏右前吸氣。同時右手逆纏以大拇指領勁，向右前外略下展開略變順纏，位在右肩右前方，高與肩同。掌心向右前方，指尖向上略偏前，同時左手變略逆纏先略沉上下相合，再合至腹前微微貼住，掌心向裡指尖向右前方。眼看右兼顧左，耳聽身後。

二節：身體向右轉螺旋下沉，沉肩墜肘，含胸塌腰，鬆胯屈膝合。左腿逆纏裡轉，右腿順纏外轉，膝裡扣，兩腳踏實，五趾抓地，湧泉穴要虛。重心由右下沉變偏左，吸氣。同時左手輕貼腹部逆纏，指尖向下勾腕，沉肩墜肘，向右裡轉，略下墜肘尖，收腹，吸氣，提肛，以左手虎口輕貼腹部粘連裡轉。

同時右手由右前方順纏下沉裡合變逆纏合至左肘下。掌心向裡，指尖向左後方。高與肚臍同。右臂裡側保持半圓，掤勁不失。眼先看左再看右及前下，耳聽身後（圖24-3，圖24-4）。

【要領】一節身向左轉，左手變逆纏吸合至腹前時，要胸開左肋外轉，既虛又要掤勁不失，特別注意左肩要順纏外轉下沉與膝合，左肩與左肘旋轉方向相反，切記肩沉

圖 24-3　　　　　　　　　　圖 24-4

勿上抗勁。

　　二節要含胸塌腰，上下四面包上合住勁，周身既是上下相合，又要左右及斜線相合。兩節連起來練要輕鬆靈活、折疊轉換、纏綿屈折，兩肩在開合中要穩，勿左右亂晃。從這個動作中充分體現出拳論中講的主宰於腰、活似車軸，緊要全在胸中、腰間運化的拳理。

　　【動作四】身體向右轉，再向左轉螺旋下沉，沉肩墜肘，含胸塌腰，鬆胯，屈膝旋轉合。左腿先逆纏裡轉，再變順纏外轉，膝裡扣，右腿先順纏外轉，重心變左前時右腳跟提起，以腳尖裡側變逆纏畫裡弧，向右後外斜退一步，以腳跟落地發勁，勁運右腳跟右後外側。兩腳掌踏實，五趾抓地，合住勁，湧泉穴要虛。

　　同時左手略上提輕貼住肚前逆纏，左肩肘右轉裡合，右手在左肘下，隨含胸塌腰略順纏裡合。隨身向左轉，重心移

圖24-5

左時，左手由逆纏變順纏，從肚前經右胸前及右肘彎裡側翻出，向右前外再向前略上展開，左掌心向前，指尖向右上，高與鼻尖同。左臂裡側保持半圓，手距鼻尖五拳左右。

同時右手變略逆纏合至左胸前，五指半向裡彎屈，虎口要圓，掌心虛。以五指輕貼左胸部。右肘墜外側掤勁不失，右胸、肋部要虛先吸後呼氣。眼看前兼顧左右，耳聽身後（圖24-5）。

【要領】速度較快。要先合後開，右手合於左胸，左手外開，右腳向右後發勁，同時完成。左肘臂手向左外開勁要與右腳的右後外的退步（採挒勁）形成對稱勁。

退步壓肘四個動作連續練習時，速度很快，要求腰為主宰，結合丹田。領動活似車軸，周身節貫穿，左旋右轉回旋上下，折疊轉關靈活，纏繞屈折，緊湊，開展俱備，形似龍蛇，首尾相應。

圖 25-1

第二十五式 中 盤

【動作一】分三節

一節：以腰為主宰結合丹田領勁，身體快速向左轉螺旋下沉，重心由左變偏右後。同時沉肩略墜肘，開胸左轉，腹左轉前突下沉，鬆胯，臀部偏右略上翻起，屈膝合。左腿順纏，膝裡扣，右腿逆纏裡轉，兩腳踏實，五趾抓地，湧泉穴要虛。

同時右手由左胸部略順纏向右方鬆勁抖出，位在右前方，高與肩平。虎口向上，掌心向右前，指尖向右臂展開，七八分即可。同時左手從前方略順纏裡勾腕裡合，經胸前至右胸上近肩前下，以虎口及手背部分輕貼住，掌心向前略偏下，指尖向右前偏下，吸氣。眼左顧右盼，耳聽身後（圖25-1）。

圖 25-2

二節：以腰為主宰結合丹田領勁，身體快速向右轉螺旋下沉，重心由後變偏左前。同時沉肩墜肘，含胸塌腰，鬆胯，屈膝合。左腿逆纏裡轉，右腿順纏，膝裡扣，兩腳踏實，五趾抓地，湧泉穴要虛。同時左手略逆纏（在右胸略上粘住）裡勾腕（左肘略下沉右轉裡合）掌心向前下，指尖在右腋下略彎向右下。

同時右手逆纏快速向左裡合至左肘下裡勾腕，高與左胸同，虎口向上，掌心向裡，指尖向左後。臂肘要保持半圓弧形，掤勁不失。吸氣，眼先看左肘兼顧右，意在左肘（圖25-2）。

三節：身體向左轉螺旋下沉，重心由左前變偏右後。同時沉肩墜肘，含胸塌腰，鬆胯屈膝，左腿順纏裡扣與右膝合，右腿逆纏裡轉與左膝合，兩腳踏實，五趾抓地，湧泉穴要虛。

同時左手由右腋下逆纏向左前上畫外弧，向左展出至

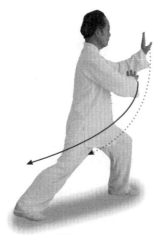

圖25-3

鼻尖中線，略伸展出六七分長，掌心向前，後翻折腕，指
尖向左上方。同時右手由左肘下略逆纏裡合至左胸貼住，
向右略下沉至右胸略下方，裡勾腕外掤，墜肘，五指半彎
曲以指尖輕貼與右胸略順纏，呼氣，眼看左前兼顧右裡
下，耳聽身後（圖25-3）。

　　【要領】頭兩節以腰為主宰結合丹田領動，是快速旋轉
的開合勁。三節速度較慢，三節連續起來要先快後慢，是快
慢結合，快慢相間的動作，主宰與腰活似車軸。運動纏綿曲
折，剛柔相濟，周身節節貫穿。肩腰要鬆沉，勿上晃。

　　【動作二】身體向右轉螺旋下沉，重心由左變偏右。
同時沉肩墜肘，含胸塌腰，鬆胯屈膝。左腿逆纏裡轉，右
腿順纏外轉，膝裡扣與左膝合。兩腳踏實，五趾抓地，湧
泉穴要虛。
　　同時左手順纏懸臂向右裡合下沉引進至兩膝前（平）

圖 25-4

中線，後翻折腕，掌心向右前，指尖向左前方。同時右手
逆纏由右胸下裡勾腕扣下沉，向右畫外弧至右膝外略上（低
架略下），掌心向下，略裡下勾腕，五指半彎屈下扣如瓦
壟，呼氣。眼看左肘前下，兼顧右手（圖25-4）。

【要領】速度較緩慢，向右下沉雙手捋時，要兩膊相
吸相繫，左肋部於胸要虛。

【動作三】身體略向右轉下沉，（重心略向右移）同時
沉肩墜肘，含胸塌腰。鬆胯屈膝下沉，左腿逆纏裡合，右腿
順纏外轉，膝裡扣，兩腳踏實，五趾抓地，湧泉穴要虛。

同時左手向右略順纏下沉繞一小圈（欲左上先右
下）。同時右手向右外下略逆纏下沉繞一小圈（欲左上先
向右下），吸氣。先看左前，耳聽身後。

身體向左轉快速螺旋上升，同時右腳跟蹬地逆纏，提
膝裡合，腳尖至左膝裡前側下（腳尖不上翹）護膝。左腿

圖25-5

半彎屈順纏外轉，膝裡扣，腳掌踏實，五趾抓地，湧泉穴要虛。同時沉肩墜肘，含胸塌腰，收腹，吸氣，提肛，鬆胯。同時左手逆纏裡勾腕，由兩膝前下上翻經胸前中線至鼻尖前中線，掌心向裡，裡扣腕指尖向裡上。

右手從右膝外略下，向右後外逆纏上翻變順纏，經身右頭向中線裡合。變逆纏至眼上中線，與左手指上下距離約兩拳之隔。掌心向前，指尖向左上，吸氣。眼看前，耳聽身後（圖25-5）。

【要領】速度較快。向右下沉一蓄，右腳即蹬地隨身左轉上提，為了左腳站的穩，左腳尖在右膝上提前可先略向左外轉，這樣練比較容易控制重心，穩定身體平衡。雙手上翻與右膝上提需一致，同時完成，這是手到腳也到手腳相合。

【動作四】身體略微向右轉螺旋下沉，重心在左。同時沉肩墜肘，含胸塌腰，鬆胯屈膝。左腿逆纏裡合，左腳

圖25-6

踏實，五趾抓地，湧泉穴要虛。右腿順纏，膝裡扣，腳掌平下沉在左腳旁震腳。兩腳平行約兩拳之隔。同時左手順纏經胸前中線下沉裡勾腕，在胸腹前約兩拳之隔，掌心向上，指尖向右偏前上。同時右手先順纏鬆沉，變順纏下沉合至左手腕上，掌心向下，指尖向左前略偏上。胸肋要虛，呼氣。眼看手前下，耳聽身後（圖25-6）。

【要領】速度較緩和，左右手下沉交叉腕相合與右腳平面下沉震足，呼氣同時完成。周身各關節，肩、肘、胯、手、腳俱是下沉採勁。立身中正，身體勿前俯或左歪右斜，右足下沉震腳還是虛。

【動作五】身體略向右轉螺旋下沉，重心由左變右。同時沉肩墜肘，含胸塌腰，鬆胯，屈膝合。右腿順纏外轉，膝裡扣，腳掌踏實，五趾抓地，湧泉穴要虛。左腿逆纏，膝裡合，腳尖上翹裡轉，以腳跟裡側向左略後邁出著

圖 25-7　　　　　　　　　圖 25-8

地是虛步。

　　同時雙手腕仍交叉向右略前上，以左順纏右逆纏引勁。雙腕交叉點高度在腹部前上。左手裡勾腕，掌心向上，指尖向下。右手掌心向下，略向後翻坐腕，指尖向右前，雙腕交叉點距離腹部約三拳之隔，吸氣。眼看左肘外下兼顧右，耳聽身後（圖25-7，圖25-8）。

　　【要領】練得較穩，雙手向右以左順右逆纏引時，左臂肘要旋，並與左腳向左略後邁步同時完成，右腿提膝裡合以腳跟裡側向左邁步時，要輕靈，如臨深淵，如履薄冰。虛靈到隨時任意可將左腳收回。

　　【動作六】分兩節

　　一節：以腰為主宰結合丹田領動，身體快速向右轉螺旋下沉，重心偏右，吸氣。同時沉肩墜肘，含胸塌腰，鬆胯屈膝。左腿逆纏裡合，右腿順纏外轉，膝裡扣，兩腳踏

圖 25-9

實，五趾抓地，湧泉穴要虛。

　　同時雙手仍交叉向右前以雙順纏引，交叉點高在腹部前上，距腹部上約50公分左右。左掌心向上，指尖向右前方，右手掌心向下坐腕，指尖略向左上。眼看左肘外下兼顧右，耳聽身後。

　　二節：身體向左略轉螺旋下沉，重心由右變偏左。同時沉肩墜肘，含胸塌腰，鬆胯屈膝。左腿順纏外轉，膝裡扣。右腿逆纏裡合，兩腳踏實，五趾抓地，湧泉穴要虛。

　　同時雙手逆纏旋轉下沉，右手合至左肘彎裡側，掌心指尖向左臂肘。左手合至右肘彎下，掌心向上，指尖輕貼合肘下（兩肘下墜與兩膝相合），左手由右肘下略逆纏繼續旋轉，與右掌心上下相錯裡勾腕向左外前上提起，高與眼同，位在左眼左前方，掌心向裡右下，虎口圓向右上，指尖向右裡下方，同時右手由左臂肘裡側繼續逆纏向右前

圖 26-1　　　　　　　　　　　圖 26-2

下與左掌心相錯下沉展開，位在右膝略外方坐腕。掌心向下，指尖向前上。雙臂開展七八分長，呼氣。眼左顧右盼，耳聽身後（圖25-9）。

【要領】一節速度快，二節較緩慢。一節輕靈快速而不漂浮，二節沉穩緩慢，舒展大方，沉重而不呆滯。一節身向右轉，重心偏右，雙手順纏引勁要向右前略上，這是中正勁。希望注意，為了維持身體穩定平衡，與其它身右轉重心偏左是有區別的。

第二十六式　白鶴亮翅

【動作一】與懶紮衣的動作三基本相同，區別是右腳向右前方邁出一小步，可參照練習（圖26-1，圖26-2）。

圖 26-3

【動作二】與懶紮衣之勢的動作四基本相同。區別還是45度角（圖26-3）。

【動作三】身體微向左轉螺旋上升再略下降，重心移右腳，先吸後呼，眼看身右側再顧左，耳聽右左身後。同時沉肩，含胸鬆胯，屈膝。右腿逆纏，右膝裡扣，突出右外胯，右腳五趾抓地，左腳跟提起，腳尖點地，由腰胯帶動，鬆左膝腳腕，用腳尖裡側略向後貼地畫裡弧，順纏外旋膝，將腳跟步至右腳尖裡側略後，圓襠，形成不丁不八的虛步。

同時右手逆纏向右上外展開變順，勁運到中指肚，指尖向上，掌心向右前，高度與右耳同。左手由右肘彎裡側逆纏下沉，至左大腿側略偏前，變順纏，勁運到中指肚，掌心向下，指尖略左前（圖26-4，圖26-5）。

圖 26-4

圖 26-5

【要領】動作應舒展大方，速度平和。注意勁是由肩肘，運到中指肚，因此，練時肩肘之勁是穩含其中的，襠是既虛又圓。

第二十七式　斜行拗步

【動作一】身體向左轉螺旋略下沉，重心偏右，吸氣。眼先看右手再看左手，耳聽左後。同時沉肩墜肘，胸開，鬆胯，屈膝。同時右腳五趾抓地，右腿逆纏裡合，左腳虛步腳尖點地，左腿順纏外旋，左膝外開，以左腳為軸心，腳尖順纏，腳跟畫裡弧向右前略轉。

同時右手在右前上，向右側順纏略下旋（與身體形成開式），手的高度與右肩同。手指向右後，掌心向右前，再隨身左轉，手繼續順纏向左上畫弧至面前中線，高度在

圖 27-1

眼前略上。手後翻折腕，掌心向上，指尖向前。同時左手隨身左轉略順纏略下沉向左外畫小弧（掤勁不失與右手形成開勁的對稱），高度在左大腿外側，掌心向下，指尖（按現方向）向前下（圖27-1）。

【要領】這個動作練的速度快要輕靈，左膝略下沉順纏外開，形成圓襠之勢。

【動作二】身體向右轉螺旋下沉，重心移到左腳，左腳仍腳尖點地變實，呼氣。眼先看右手再看左手，耳聽右後。同時沉，含，鬆胯，屈膝合。左腿逆纏以腳尖為軸隨身右轉，腳跟向左外旋轉。右腿順纏以腳跟為軸心，腳掌擦地向外旋轉成隅角後，右膝裡扣，右腳五趾抓地。

同時右手由前上變逆纏經身前中線，隨身右轉下沉至右大腿外側略前，掌心向下，指尖（按現方向左前方隅

圖 27-2

角）向前。同時左手向左側外後略逆纏（沉肩，開胸），下沉變順纏再略向左側外下沉後再向左側外上翻，與左肩平。再隨身右轉向右上畫弧，高度與眼平，至面前中線立掌下沉指尖向上，掌心向右，指尖高度在眼下鼻上，以不影響向前視線為宜（圖27-2）。

【要領】動作二與動作一要連貫起來。練的速度要快，旋轉靈活，身勿左歪右斜。手與身體兩膝要先開後合。

【動作三】身體向右轉螺旋下沉，重心全部移到右腿，右胯鬆，右膝屈裡扣，右腳五趾抓地，吸氣。眼看左前，耳聽右後。同時沉肩，含胸，鬆左胯，左臀部略下沉向右前裡旋，提左膝與右膝合，腳尖上翹隨腿逆纏外開，下沉以腳跟裡側左前貼地蹬出。

同時左手立掌略逆纏隨身下沉（原高度不變）向前推

圖27-3　　　　　　　　　　　　圖27-4

出，指尖向上，掌心向右。同時右手從右大腿側前向側方逆纏上翻展開，高度與右耳同，指尖向前略上（圖27-3，圖27-4）。

【要領】動作練的速度緩慢，左手逆纏立掌前推引與左腳向左前方蹬出以及右手逆纏向右側上展開同時完成，左腿提膝時要膝合腳開，並要上下相合，肩、胯、肘、膝、手、腳要先合後開。

【動作四】身體先略向右轉，螺旋略上升，再向左轉螺旋下沉。重心是先向右下移漸變到左腳，先吸後呼再吸，眼看左側再看左手，耳聽右後。同時左手先順纏向上領勁，手高度略超過面門上中線。掌向左側後，反折腕，指尖向左偏上掌心向上。再隨身左轉，向前左下變逆纏下沉（大身法經過左膝前下），掌心向下，指尖向前下經過左膝前下，再向左外開展，至左膝的左前方約40～50公分

圖 27-5

處。指尖放鬆，五指虛握，捏攏變鉤，手下折腕向上輕輕提起，高度與眼同，勾手心向下。

同時右手先向右側外上逆纏領勁，高度在右眼略上，掌腕向後反，掌心向右，指尖向左前，再隨身左轉變順纏（先沉肩，肘向右外旋轉），手指先向右外放鬆旋轉（這是先開），後隨身向左前由右肩上略前上翻，變逆纏至右耳略前下，掌腕後翻，掌心向左，直接向右耳後。同時左腿和左腳先逆纏，（身右轉）裡合再變順纏，隨身左轉，鬆胯，膝屈，腳尖向左外略轉落地漸變實，左膝裡扣，腳五趾抓地。同時右腿先（身右轉時）略順纏，右膝裡扣，右胯鬆沉，右腳五趾抓地，再隨身左轉變逆纏（圖27-5）。

【要領】動作在身向右轉（欲下先上，欲左先右）時，以腰為統帥練得要快，動作輕靈。身向左轉向前下沉時，練得要沉著穩健。左手肘與左膝在運行中要上下相合，左手肘外展，左膝裡扣，這是左手上外。左膝下裡相合。

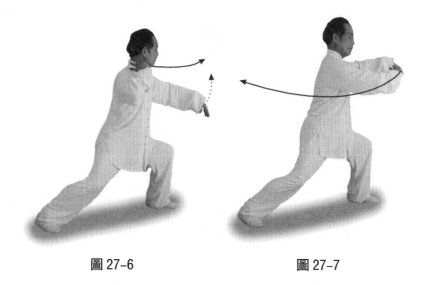

圖 27-6　　　　　　　　　　　圖 27-7

　　【動作五】身體向右轉螺旋下沉，重心偏左，吸氣。眼看右手，耳聽左後。同時沉肩，含胸，鬆胯，屈膝合。兩腳五趾抓地，左腿逆纏，右腿順纏，右膝裡扣與左膝合。同時左肩、胯鬆沉，左肘略墜，隨身右轉，左勾手逆纏略右轉裡合，高度與肩平，勾手心向下，右手由右耳下向前中線略上逆纏推出（高度與眼同），掌心向前外，再向右略畫上弧展開至右膝前右上，高度與肩同，掌心向右略前，指尖向上略偏左（圖27-6，圖27-7，圖27-8）。

　　【要領】動作練的速度較慢，要舒展，左肩沉與左胯上下相合，勿上起。

　　【動作六】身體略向左轉螺旋略下沉，重心略偏右，呼氣，眼左顧右盼。同時沉肩，含胸，鬆胯，屈膝合。兩腳五趾抓地。同時左腿略順纏，膝裡扣，右腿逆纏。

圖 27-8　　　　　　　　　　圖 27-9

　　同時左勾手放鬆，虎口要虛、要圓，微順纏略隨身左轉，高度與耳同，勾手心向下。同時右手略順纏外開隨身左轉，運勁鬆到中指肚，高度與右肩平，指尖斜向右上，掌心向右前偏下（圖27-9）。

　　【要領】動作是此一勢的終結，練的速度要緩慢，上下左右相合。

第二十八式　閃通背

【動作一】分兩節

　　一節：身體微向左轉螺旋上升，重心偏右，吸氣，眼看左手，耳聽右後。同時沉肩雙逆纏向左略前上合，開胸，鬆胯，圓襠。左腿順纏，膝裡扣，右腿逆纏裡合，兩腳心空。

　　同時雙手逆纏隨身微向左轉略上升裡合。左勾手高度

圖 28-1　　　　　　　　圖 28-2

在左眼略上，位置在左前方，手心向下。右手在右前方，高度在眼略上，掌心向右前略偏下，指尖向左前略偏裡上（圖28-1）。

【要領】速度緩和。身向左轉時，要手合身轉腳隨動作一致，同時完成。身體勿左歪右斜，勁運右肘尖，但要含蓄，柔而不發，右肘尖與手的高度在胸略下。

二節：身體向右轉螺旋下沉，重心變偏左，呼氣。眼左顧右盼，耳聽身後。同時沉肩墜肘，含胸塌腰，鬆胯，合襠。兩膝合扣，襠要虛圓，兩腳心空。左腿逆纏裡合，右胯再鬆，右膝裡扣，同時雙手臂隨身右轉，從左前和右前上方變順纏略向兩旁畫小弧下沉（高度在胸下腹上），雙手再向前略上合，左手在前大拇指，高與鼻尖平，掌心向上略偏左。右手在左肘彎裡側略前，以小指輕輕貼住，手的高度在胸前，指尖的向前，掌心向上略左上（圖28-2）。

圖 28-3　　　　　　　　　　圖 28-4

【動作二】身體向左轉螺旋下沉，再螺旋略上升，先呼後吸氣。同時沉肩墜肘，含胸塌腰，鬆胯屈膝。重心由左向右移時，右腳以腳跟為軸，腳尖先略向裡勾，當重心移偏右時，隨身體左轉螺旋略上升（右腳跟為軸，腳掌貼地腳尖裡轉），向左轉約135度，腿是逆纏裡合，腳掌踏實，五趾抓地，湧泉穴要虛。同時左腳跟提起以腳尖點地，隨身左轉向左後畫外弧，停止在右腳裡側，腳尖向左前方與右腳尖平行，成為不丁不八的丁虛字步型。

左腿順纏，膝外開要圓襠。同時右手指掌輕貼左肘前臂裡側，逆纏裡轉以掌指（掌心向下）輕放在左肘裡側大臂上。同時左肘逆纏以掌指合於右臂肘外側。眼先看左再看右肘前，耳聽身後（圖28-3，圖28-4）。

【要領】速度緩和。身向左轉時，要手合身轉腳隨動作一致，同時完成。身體勿左歪右斜，勁運右肘尖但要含

蓄，柔而不發，右肘尖與手的高度在胸略下。

【動作三】分兩節

一節：以腰為主結合丹田領勁，身體快速向右旋轉，螺旋下沉。同時沉肩墜肘，含胸塌腰，鬆胯，屈膝。同時右腿順纏，膝裡扣，腳掌踏實，五趾抓地，湧泉穴要虛。

左腿逆纏裡合，以腳尖為軸，腳跟向左後外轉，兩膝相合，重心偏左。同時雙手臂腕交叉（右手在上），向右前上方雙順纏合引。交叉點高在胸上，雙手高與鼻同。右手心向前下，指尖略偏左前上。左手心向上，指尖向右前上，吸氣。眼看前兼顧左右，耳聽身後。

二節：身體向左轉螺旋下沉，重心偏右，呼氣。同時沉肩墜肘，含胸塌腰，鬆胯屈膝，右腿逆纏裡轉，腳掌踏實，五趾抓地，湧泉穴要虛。左腿順纏外轉膝外開，以腳尖為軸，腳跟由左後外向右裡轉成為丁虛步型。

同時雙手腕先粘連雙逆纏略旋轉，以左手在外，掌心向內。右手在裡掌心向外，相錯平行，高與眼同，向左右分開。雙臂轉至七八分。左手虎口向上，掌心向裡，指尖向右，位在左眼左前方略低一些。右手掌心向右外，指尖向左上，位在右眼右前方，高與眼同。眼左顧右盼，耳聽身後（圖28-5）。

【要領】一節練時速度快速輕靈，二節練時緩慢沉穩，兩節連起來練習，要求做到快慢相間，輕沉兼備。襠上要虛要圓，合襠要左膝合左腳跟開，開襠要左膝開左腳跟合。

【動作四】以腰為主宰結合丹田領動，身體快速向右

圖 28-5　　　　　　　　　　圖 28-6

旋轉，螺旋下沉90度。同時沉肩墜肘，先開胸左轉，腹部
前突下沉，鬆胯屈膝。再含胸塌腰，鬆胯，右腿順纏外轉
腳跟為軸，腳掌貼地隨身右轉90度，膝裡扣，腳掌踏實，
五趾抓地，湧泉穴要虛。同時左腿逆纏裡轉，腳尖為軸腳
跟向左後轉90度，重心偏右。

　　同時左手由左眼前（先鬆肩）逆纏經頭上左側向前
下，掌心向前下，指尖向前上，高與鼻尖同，位在鼻尖前
中線。同時右手由右眼前方順纏下沉，至腹前略上以小指
外緣輕貼住，掌心向上，指尖向左。收腹，吸氣，提肛。
眼看左手前，兼顧左右，耳聽身後（圖28-6）。

　　【要領】速度較快。手動，身轉，腳隨，主宰於腰，
上下相合手腳一致。胸、腹、臀部是先開胸，突腹下沉，略
上翻臀，再含胸塌腰，收臀，這充分體現出拳論中所講的
「緊要全在胸中腰間運化」的鍛鍊方法。另外左前上手與

圖28-7　　　　　　　　　　　圖28-8

右後下手要在中線前上後下相對。

【動作五】身體先略向右轉螺旋略下沉，再略向左轉螺旋略上升。同時沉肩墜肘，含胸塌腰，鬆胯屈膝。右腿先順纏，膝裡扣，再逆纏裡轉，腳掌踏實，五趾抓地，湧泉穴要虛。同時左膝提起，腳尖上翹提起，先逆纏裡轉再向前邁步，變順纏，膝裡扣，腳尖略向裡落地，腳掌踏實，五趾抓地，湧泉穴要虛。

重心先略偏左前，再略偏右後。先收腹，吸氣，提肛，再呼氣。同時左手由鼻前中線下沉至左大腿外側，掌心向下，指尖向前略下。同時右手由腹上中線經胸前向前上順纏展出，掌心向上，指尖向前上高與鼻同，眼看前（圖28-7，圖28-8）。

【要領】動作練時速度較慢、穩。身體向右略轉下沉

是上下先合，再略向左轉是開。右手向前上要有運勁表現，但要含蓄，蓄而不發，所謂柔中寓剛。左前腳尖與右腳尖前後在一條線上。

【動作六】分兩節

一節：身體略向左轉螺旋略上升，重心偏右後。同時沉肩墜肘，含胸塌腰，鬆胯屈膝。右腿逆纏裡轉，左腿順纏，膝裡扣，兩腳踏實，五趾抓地，湧泉穴要虛。同時右手順纏略向前上展，略超過頭頂，掌心向上，指尖向前上。同時左手逆纏略下，左後下按，掌心向下，指尖向前偏下，吸氣，眼看右手前上，兼顧左右，耳聽身後。

二節：以腰為主結合丹田領動，身體快速向右後旋轉180度。同時沉肩墜肘，含胸塌腰，鬆胯屈膝。右腿順纏外轉，以腳尖為軸，腳跟向左裡轉，再隨身以腳尖向右側後畫外弧，旋轉至左腳右側略後腳跟頓地發勁。同時左腿逆纏裡轉以腳尖為軸，先轉約45度後，腳跟落地踏實全腳（腳跟與腳尖）繼續旋轉約135度，重心偏左前。同時右手逆纏（在面部前略上）旋轉向右下沉至右大腿外側，指尖向前略上，掌心向下。同時左手由左大腿外側順纏外轉，經身左側上翻，（高與左耳同）向前坐腕立掌下沉，位在左耳前略下，掌心向右，指尖向上，呼氣，眼先看右再看左前，耳聽身後（圖28-9，圖28-10）。

【要領】速度較快，身體在向右後旋轉180度時，要求左手坐腕立掌下沉，右手向右下的捯採勁，與右腳跟頓地發勁同時完成，在旋轉時雙手間距不變。

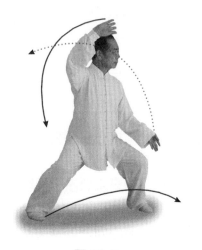

圖 28-9 　　　　　　　　圖 28-10

第二十九式　十字擺蓮（腳）

【動作一】身體向右轉約90度螺旋下沉，重心偏右，吸氣。同時沉肩墜肘，含胸塌腰，鬆胯，以腳跟裡側著地，腳尖上翹裡合。

同時右手順變逆纏由右腹部向左、向上，再向右上領勁，臂伸展至七八分後反折腕，掌心向右前略上，指尖向左，位在右眼右前方。同時左手順變逆纏由左向右，向右上再向下沉於腹前，掌心向左下，指尖向右前。眼看身前，耳聽身後（圖29-1）。

【要領】速度適中。右手上掤勁領住勿失，要先上下，左右相合後再開，充分體現出開中寓合，合中寓開，開合互變的規律。同時注意立身中正，要有支撐八面的氣勢。

圖 29-1　　　　　　　　　　　　圖 29-2

【動作二】身體微右轉螺旋上升，再向左轉螺旋下沉，沉肩略開胸右轉，略突腹微上翻臀，鬆胯。左腿先逆纏裡轉再順纏外轉，膝裡扣；右腿先順纏外轉，膝裡扣，再逆纏裡轉。兩腳踏實，五趾抓地，湧泉穴要虛，重心是先右後左，同時右手略向右上逆纏再變順纏向下沉至腹前，掌心向左下，指尖向前下，左手隨右手順變逆纏，大拇指裡扣下沉於左小腹部，眼先看右手前再看右肘前下，耳聽身後（圖29-2）。

【要領】速度較慢，要體現出「欲左先右」，「欲順先逆」的運動風格。

【動作三】以腰為主宰結合丹田快速抖動，身體快速略向右轉，左腿逆纏，右腿順纏，膝裡扣，兩腳五趾抓地，腳心空，重心由右後變偏左。

圖 29-3

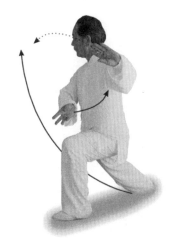

圖 29-4

同時右掌變逆纏經腹前及左肋前由左肘下向前翻出，位在左肘前，指尖向左，掌心向前，左手逆纏由左肋向腹前略下沉（虎口輕貼腹前上，指尖後下）變順纏裡勾腕經胸前上翻出，位在右肘臂裡側，略裡下勾腕，掌心向裡偏下，指尖向裡偏下。交叉點在鼻前中線。眼看前兼顧左右，耳聽身後（圖29-3）。

【要領】練習速度很快，雙臂向前掤擠的同時，腹部下沉。

【動作四】身體略向右轉螺旋下沉，再向左轉約90度，螺旋下沉，重心隨動作由右移偏左，呼吸為呼——吸——呼氣。同時沉肩墜肘，含胸塌腰，鬆胯，圓襠屈膝，再沉肩略開胸，略上起右旋，變沉肩墜肘，含胸塌腰，鬆左胯，合襠，沉左臀，屈膝合。左腿先略逆纏裡轉變順纏外轉，腳掌踏實，五趾抓地，湧泉穴要虛。同時右腿先順纏

外轉，膝裡扣，變逆纏裡轉，再變順纏外轉，膝裡扣，腳尖裡扣，五趾抓地，湧泉穴要虛。

同時左手由腹前向前逆纏下沉領勁，再向左前略外上旋臂展開七八分至略與左肩平（位在左前方），掌心向左，指尖向右偏上。同時右手先逆纏向右外略上畫弧，變順纏向右下沉經腹前向左變逆纏坐腕交叉合於左腋下，以手指輕貼腋下肋部，掌心向左下，指尖偏左後上方，眼左顧右盼，耳聽身後（圖29-4）。

【要領】先略慢要穩，以腰為主宰，胸腰運化折疊開合，肩勿上聳起。

【動作五】身體向左轉約45度，螺旋上升再略右轉，重心在左，先吸氣後略呼氣。同時沉肩墜肘，略開胸，突腹，向左上旋，右臀右後上翻，沉左臂，鬆胯，合襠略屈膝。左腿先順纏外轉，膝裡扣，變略逆纏裡轉，腳掌踏實，五趾抓地，湧泉穴要虛。同時右腿先逆纏裡轉，略屈膝，向左前上裡合提起再向右，略外順纏擺腿。

同時右手背在左腋下，先略順纏變逆纏粘連旋轉。同時左手逆纏由右前下，向左上迎右腳腳面外側合拍擊打。眼先看左前，再看右前耳聽身後（圖29-5）。

【要領】速度較快，動作主宰於腰，右腿先裡合再向外擺，左手與右腳斜線相合，身要正，勿歪斜。

【動作六】身體向右轉約90度，螺旋微上升，重心全部放在左退，吸氣。同時沉肩墜肘，含胸塌腰，收腹，斂右臀沉左臀，鬆胯，合襠，略屈左膝。左腿逆纏以腳跟為

圖 29-5　　　　　　　　　　　　圖 29-6

軸，腳尖略翹隨身裡轉，腳掌落地踏實，五趾抓地，湧泉
穴要虛。同時右腿屈膝上提裡合順纏外轉，腳尖向裡下
扣。同時左掌變拳由胸前中線下沉向左外開，變順纏經身
左側微前方屈肘上翻變略逆纏，拳心向左耳，高與耳同。

　　同時右掌在左腋下變拳，由左腋下經左胸向上至鼻前
中線，向右外下翻沉，位在右膝右外略下，略裡上勾腕，
拳心向上略偏裡。眼左顧右盼再看前，耳聽身左後方（圖
29-6）。

　　【要領】速度較快，身體向右轉時身要正，右膝上提與
右肘相合。身體右轉時，右膝如不上提即會影響身體平衡。

第三十式　指襠捶

　　【動作一】身體向右轉約90度螺旋快速下沉，重心是左

圖30-1　　　　　　　　　　圖30-2

——右——左，呼氣。同時沉肩墜肘，含胸塌腰，鬆胯，
圓襠，屈膝開合。右腿屈膝，腳尖上翹順纏外轉，先下沉
震腳踏實，五趾抓地，湧泉穴要虛。左腿屈膝，腳尖上翹
逆纏裡轉，再隨身右轉向左前方下沉震腳踏實，五趾抓
地，湧泉穴要虛。

　　同時，左拳領勁順纏隨雙腳落地，畫下弧下沉經腹前
變逆順纏向左前上掤出，拳面高與眼齊，右拳隨左拳逆—
—順——逆纏畫下弧經右膝外向左前上合於左肘裡側，拳
心向左。左拳領勁，屈肘裡上勾腕，臂半圓，位在左眼左
前方，拳心向裡偏下。眼先看右後，再看左前方，耳聽身
後（圖30-1，圖30-2）。

　　【要領】可分三種練習方法：第一種如上述身右轉快
速下沉，先右後左雙震腳的練習方法；第二種是身體右轉
下沉，先單震右腳，再向左前方邁左腳；第三種是雙腳都

輕輕落地不震腳，動作速度緩慢，適合年老體弱的人練習。平時在練習此動作時，可酌情選擇適合自己體質的練習方法進行鍛鍊。三種練習方法雖形式上有剛柔快慢的區別，但虛實變化仍是一樣。

【動作二】身體先略向左轉螺旋略上升，再向右轉螺旋下沉約90度，再向左轉螺旋上升約90度。重心是左——右——左，先吸後呼再吸氣。同時，沉肩墜肘，開胸，突腹，左旋略上升，鬆胯，圓襠，向左前上翻臀部，略屈膝。再沉肩墜肘，含胸塌腰，鬆胯，合襠，斂臀，屈膝合。再變沉肩，開胸突腹，翻臀向左上旋略下沉，鬆胯，扣襠，屈膝開合。同時，左腿先順纏外轉，膝裡扣，再逆纏裡轉，再變順纏外轉，膝裡扣，腳掌踏實，五趾抓地，湧泉穴要虛。同時，右腿先逆纏裡轉，再順纏外轉，膝裡扣，再變逆纏裡轉，腳掌踏實，五趾抓地，湧泉穴要虛。

同時，左拳由左眼左側變逆纏，拳虛握裡轉略向左前上翻旋（高與頭頂同），變順纏外轉略向左外翻腕旋轉，裡合下沉至兩膝中線前，拳心向右上，虎口向左上方，變逆纏裡勾裡腕，拳心向下，由腹前上翻經胸前變順纏（貼近胸部）向左前上翻臂屈肘半圓，裡上勾腕，拳心向裡偏下，位在左眼左前方，高與眼同。

同時，右拳順纏上翻，略向右外翻腕，拳虛握合至右膝上，變逆纏裡轉，向右膝右外略下沉，再略向右後上領勁，再變順纏，由身右側上經頭右側至頭前中線略上方，拳心向左，虎口向右後上方，與左拳形成左略前下，右略後上的平行。兩拳相距約20公分。眼先看左拳兼顧右，再

圖 30-3

看左側前略下，再看略前上，耳聽身右後（圖30-3）。

【要領】身體先向左轉，引接勁較快。身體向右轉螺旋下沉時，速度較慢要穩，身體再向左傳，螺旋上升速度很快。兩次身體向左轉螺旋上升，要做到胸、腹運化折疊開合，拳向左前上翻，胸、腰、腹要左旋下沉，鬆膝沉臀，以形成左上右下斜線對稱，以求運勁支撐八面。

【動作三】身體先向右轉約45度螺旋上升，再向左轉約45度螺旋下沉，再繼續向左轉約45度螺旋微微上升，先吸氣後呼氣。同時，先沉肩，開胸，突腹左旋下沉，鬆胯，圓襠，臀部向右後上翻，屈膝合。再沉肩墜肘，含胸塌腰，鬆胯，合襠，斂臀屈膝。再沉肩墜肘，開胸，突腹，左旋微上旋下沉，鬆胯，扣襠，沉左臀，屈膝合。同時，左腿先逆纏裡轉，再順纏外轉，膝裡扣，腳掌踏實，五趾抓地，湧泉穴

圖 30-4

圖 30-5

要虛。

　　同時，右腿先順纏外轉，膝裡扣，再逆纏裡轉，腳掌踏實，五趾抓地，湧泉穴要虛。同時，雙拳逆纏裡轉，略向上起，位在頭前上方，雙拳心向前略偏上，再變雙順纏下沉，經胸前至腹前，右拳合於左肘彎上，臂屈半圓上勾腕，拳虛握，拳心向上，虎口向前上。左臂伸至七八分，略裡上勾腕，拳虛握，拳心向右後上，虎口向左前上方，位在兩膝中線前略下。

　　雙拳變逆纏裡轉，左拳向上裡轉收回合於左肋部，拳心貼肋部，虎口向上。同時，右拳貼在肘裡側先粘連裡轉，由肘臂裡下向右下方指出，位在兩膝中線身右側，拳心向下，位在兩膝下。重心是左——右——左。

　　眼先看雙拳再看右側前下方，耳聽身後（圖30-4，圖30-5，圖30-6，圖30-7）。

　　【要領】身體右轉雙拳逆纏動作較快。雙順纏身體右

圖 30-6　　　　　　　　　　圖 30-7

轉下沉合時要穩稍慢。雙逆纏雙拳左上貼肋，右拳指襠時略快，運勁要柔中寓剛，指襠捶含蓄不發勁。

第三十一式　白猿獻果

【動作一】以腰為主宰結合丹田帶動身體快速向右旋轉約45度，螺旋略上升，重心略偏左吸氣。同時沉肩墜肘，含胸塌腰，鬆胯，圓襠，屈膝合。左腿逆纏裡轉，腳掌踏實，五趾抓地，湧泉穴要虛。

同時右腿順纏外轉，膝裡扣，腳掌踏實，五趾抓地，湧泉穴要虛。同時左拳貼在左肋部粘連逆纏，裡折勾腕旋轉，虎口向裡上。同時右拳由指襠逆纏裡轉向上屈肘，裡下勾腕，高在胸前，拳心向右後，虎口向裡，位在胸前30公分處。眼左顧右盼，耳聽身後（圖31-1）。

【要領】速度很快，動作運勁以腰為主，胸腰折疊開

圖 31-1　　　　　　　　　　　　圖 31-2

合，身體略下沉，拳逆纏上提，與身體上下相反相錯。

　　【動作二】身體較快速向左轉約90度，螺旋下沉再螺旋上升，重心是左——右——左，先呼後吸氣。同時沉肩墜肘，含胸塌腰，鬆胯，合襠，屈膝開合。左腿順纏外轉以腳跟為軸，腳尖略上翹向左外轉約90度，腳掌踏實，五趾抓地，湧泉穴要虛。同時右腿逆纏裡轉（左腳抓地後）向上提膝，腳尖向裡下勾。

　　同時左拳貼住左肋部順纏旋轉，沉肩墜肘，拳心向上。同時右拳由右胸前順纏下沉至兩膝中線前螺旋向右前上沖，臂半圓，略裡勾腕，拳心向裡略偏下，位在右眼右側前約35公分左右。眼左顧右盼，耳聽身後（圖31-2）。

　　【要領】較動作一稍慢。要求左實腿勿直略彎曲，右膝、腳隨右拳同時上提，提膝時要收腹，吸氣，提肛。

圖 32-1　　　　　　　　　　圖 32-2

圖 32-3　　　　　　　　　　圖 32-4

第三十二式　小六封四閉

小六封閉只有兩個動作，練法與前第四式六封四閉動作五、六練法相同，只是動作少，故省略（圖32-1，圖32-2，圖32-3，圖32-4）。

圖 33-1

圖 33-2

圖 33-3

圖 33-4

第三十三式　單　鞭

動作練法與其前第五式單鞭練法相同，故省略（圖

圖 33-5　　　　　　圖 33-6

圖 33-7　　　　　　圖 33-8

33-1，圖 33-2，圖 33-3，圖 33-4，圖 33-5，圖 33-6，圖
33-7，圖33-8）。

第三十四式　前　招

【動作一】以腰為主宰結合丹田帶動身體快速向左轉略上升，重心偏左，吸氣。同時沉肩墜肘，開胸，突腹，左旋下沉，鬆胯，圓襠，沉左臀，向右後上翻右臀。左膝裡扣合右膝。左腿順纏外轉，腳掌踏實，五趾抓地，湧泉穴要虛。右腿逆纏裡轉，腳掌踏實，五趾抓地，湧泉穴要虛。

同時右腿逆纏裡轉，腳掌踏實，（身法大，勢低）以腳跟為軸，腳尖貼地裡勾，五趾抓地，湧泉穴要虛，勁在腳跟後外側。

左手由左側變逆纏向左上偏前領勁，位在左眼左前方，臂伸展至七八分，坐腕，手後翻，掌心向左前上，指尖向偏右上方。同時右手由右側略前方勾手變順纏向左上領起，位在頭前上中線，臂伸展至七八分，掌心向上，指尖向右前方，眼看右側，耳聽左後（圖34–1）。

【動作二】身體向右轉螺旋下沉再上升，重心由左變偏右，先呼後吸氣。同時沉肩墜肘，含胸塌腰，鬆胯，合襠，屈膝開合。右腿順纏外轉（先上下相合），膝裡扣，以腳跟為軸，腳尖向右轉約180度，腳掌踏實，五趾抓地，湧泉穴要虛變實。

左腿逆纏裡轉（重心變右後），再提腿以腳尖虛步併於右腳裡側旁。同時右手略逆纏下沉，至與眼高相同。先上下相合繼續逆纏向右外領勁展開，臂半圓伸展至七八分，腕後翻，掌心向前方，指尖偏左上，位在右眼右前

圖 34-1

圖 34-2

方。同時左手變順纏由左上下沉至腹前中線懸臂引進，掌心向右前方，指尖偏左前方，臂伸展至七八分，位在腹前中線。眼先看右手再看身左側，耳聽身後（圖34-2）。

【要領】動作一要快，動作二下沉略慢，上升稍快。

一動身體向左轉以腰為主帶動，要上引下進，上引指手，下進指右腿，運勁到右腳跟，不能有上浮之意；二動要先上下相合。右手逆纏在眼前，勁運到大拇指後，整個身體跟前手轉。

從一、二兩動作練習中要體現出，未動之前由腰（由內而外）帶勁，動起來之後整個身體跟著手走。這既是拳理中講的勁起於腳跟，行於腿，主宰於腰，氣貼脊背，形於手指的規律。

第三十五式　後　招

【動作一】身體向右轉螺旋下沉，重心在右，吸氣。
同時沉肩墜肘，含胸塌腰，收腹，斂左臀沉右臀，鬆胯，
先合後圓襠，屈膝開合。右腿順纏外轉，膝裡扣，腳掌踏
實，五趾抓地，湧泉穴要虛。

同時左腿逆纏裡轉（左膝與右膝合），腳尖上翹裡轉
向左側邁步，以腳跟裡側著地，腳尖上翹裡合。

同右手逆纏向右外略展開領住上掤勁，臂半圓後翻
腕，掌心向右前略偏上，指尖向左微偏上，位在右眼前方
略上。同時左手順纏向右略引勁，臂伸展七八分後翻腕，
掌心向右前方，指尖向左前，位在腹前中線。眼看身左
側，耳聽身右後（圖35-1）。

【要領】速度稍快，邁步要輕靈。

【動作二】分兩節

一節：以腰為主宰結合丹田帶動身體快速向右轉螺旋
下沉，重心偏右，吸氣。同時沉肩墜肘，含胸塌腰，收
腹，斂左臀沉右臀，鬆胯，合襠，屈膝合。右腿順纏外
轉，膝裡扣，腳掌踏實，五趾抓地，湧泉穴要虛。左腿逆
纏裡轉，膝裡合，五趾抓地，湧泉穴要虛。

同時右手逆纏向右手領勁，臂半圓，腕後翻，掌心向右
前略偏上，指尖向左位在右眼右前約10公分。同時左手順纏
向右前懸臂引進，位在兩膝前腹前中線，後翻腕。掌心向右
前偏上，指尖向左前方。眼看身左側，耳聽身右後。

圖 35-1

圖 35-2

　　二節：身體向左轉螺旋下沉再上升，重心由右下沉變偏左後，先呼後吸氣。同時沉肩墜肘，含胸塌腰，收腹，斂右臀沉左臀，鬆胯，扣襠，屈膝合。左腿順纏外轉，膝裡扣，以腳跟為軸，腳尖向左外轉約45度，腳掌踏實，五趾抓地，湧泉穴要虛。右腿逆纏裡轉（重心變左後），右腿提起向左腳前邁步，虛步腳尖點地。

　　同時右手由右眼右前，先逆纏向右外展變順纏下沉經腹前向前上伸展，臂伸展七八分，位在胸前中線，掌心向左前上，指尖偏右前。同時左手向右前略下順纏，經右胸前向上經鼻尖前向左外上略展開，臂伸展七八分，位在左眼左側略前，掌心向左前，指尖向前略偏右上。眼看右手再看前，耳聽身左後（圖35-2）。

　　【要領】一節很快。二節下沉稍慢，上升稍快。身法要「欲左先右」，「欲上向下」。眼神要先左後右再看

圖 35-3

前，與身轉方向恰相反，要做到左顧右盼。

【動作三】身先向左再向右快速旋轉螺旋略下沉，重心先略向右前移，再變偏左後，先吸後呼氣。同時沉肩墜肘，含胸塌腰，鬆胯，扣襠，屈膝合。左腿先順纏外轉，膝裡扣，再逆纏裡轉沉左臀，腳掌踏實，五趾抓地，湧泉穴要虛。同時右腳腳尖點地逆纏裡轉變順纏外轉，鬆右胯，腳跟略上提（腳尖仍點地），右膝裡扣。

同時右手由胸前先順纏向左下沉，再變逆纏向上翻至眼前中線發勁，位在眼前中線，臂半圓，掌心向前，指尖向左上方。同時左手由左眼左側略前方，先逆纏向左外畫弧，變順纏下沉經身左側前至腹前中線發勁，臂伸展七八分，腕後翻，掌心向右前略上方，指尖向左前偏下。眼左顧右盼再看前，耳聽身後（圖35-3）。

【要領】速度很快。雙手順逆纏在身前，動作不大，要靈活，發勁要富有彈抖性，雙手右上左下都在身前中線，上下相對。

第三十六式　野馬分鬃

【動作一】分兩節

一節：以腰為主宰結合丹田帶勁，氣貼脊背，身體快速略向右再向左轉螺旋下沉，重心是左──右──左，先吸後呼氣。同時沉肩墜肘，含胸塌腰，翻右臀沉左臀，鬆胯，圓襠，屈膝。左腿先逆纏裡轉，五趾抓地（重心移至右前腳尖時），再順纏外轉，以腳跟為軸腳尖貼地，快速略向左外轉，腳掌踏實，五趾抓地，湧泉穴要虛。同時右腳在左腳前，腳尖點地，先順纏外轉，膝裡扣，腳跟略上提，腳尖點地裡合再腳尖用力點地，腿逆纏裡轉（左腳尖外轉後踏實）後變虛步。

同時右手由眼前快速逆纏向右後（在眼前），再變順纏向前略下沉，位在鼻尖前，指尖在左上。同時左手在腹前向右快速略順纏，再變逆纏向上翻經右胸前向左上旋上旋，至左眼左前方，約30公分，掌心向左外，指尖向右前偏上。眼左顧右盼，耳聽身後。

二節：身體繼續向左轉螺旋下沉再微向右轉，重心先左後變偏右前，先吸後呼氣。同時沉肩墜肘，含胸塌腰，變開胸，腹部略向前突下沉右旋，鬆胯，扣襠，屈膝，向右上翻臀，左腿順纏外轉，膝裡扣，腳掌踏實，五趾抓地，湧泉穴要虛，變逆纏裡轉。同時右腿逆纏裡轉，膝上

圖36-1　　　　　　　　　　　　圖36-2

提裡合，腳提起離地，腳尖裡合上翹向右前方邁步，以腳
跟裡側著地，貼地向右前方鑱出漸變實，腳掌踏實，五趾
抓地，湧泉穴要虛，變順纏外轉，膝裡扣。

　　同時右手順纏由鼻尖前下沉（肘膝相合），至右膝前
下裡合至腹前下，再向右前上展出，臂伸展至七八分，掌
心向上，指尖向右前方，高與鼻尖同。同時左手由左眼左
前繼續向左外開，再向左後由逆變順纏展開，臂略屈，掌
心向左後下，指尖中指向左後略上，高與前手同，勁運到
左手中指肚。眼瞻前顧後，耳聽身後（圖36-1，圖36-2，
圖36-3）。

　　【要領】一節動作小，速度很快。二節動作大，速度
緩慢。一節動作閃戰彈抖，緊湊迅速以接上勢動作發勁，
做到勁斷意不斷。二節是大鋪身法，右手順纏下沉接近地
面，左手向左外後上展開，形如野馬，藉以練習胸、脊背
之合開勁，兩手勁要同時對稱。

圖 36-3　　　　　　　　圖 36-4

【動作二】身體向左轉螺旋下沉，重心由偏右前變偏左後，吸氣。同時沉肩墜肘，開胸，突腹左旋下沉，鬆胯，圓襠，屈膝合，沉左臀。左腿順纏外轉，膝裡扣，腳掌踏實，五趾抓地，湧泉穴要虛。同時右腿逆纏裡轉，以腳跟為軸腳尖裡勾。

同時右手由右前順纏向頭略上領勁，掌心向上，指尖向右前上方。同時左手由左後方逆纏向右前下略沉，再向左外上展開，位在頭左前上，掌心向左上方，指尖向右前略上。眼看右臂肘外側，耳聽身左後方（圖36-4）。

【要領】速度快，勁起腳跟，行於腿主宰於腰，氣貼脊背，形於手指，勁運到腰間，部分上升到手上領勁，部分下沉到腳跟，形成上引下沉（進）對稱之勁。否則有上沒下，不能中定。若身體上浮腳跟發飄，則違反拳理。

【動作三】身體向右轉近180度螺旋下沉再略上升，重

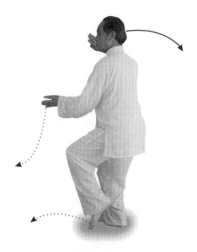

圖 36-5

心由左後變到右，先呼後吸氣。同時沉肩墜肘，含胸塌腰，收腹，斂左臀沉右臀。鬆胯，合襠，屈膝開合。右腿順纏外轉，以腳跟為軸腳尖外轉近180度，腳掌踏實，膝裡扣，五趾抓地，湧泉穴要虛。左腿逆纏裡轉（重心變右後），提起腳離地，左膝與右膝合。

同時右手由頭前上逆纏下沉至眼前向右外展開，臂半圓腕後翻，掌心向右前，指尖向左略偏上。同時左手由頭左上順纏下沉至腹前，掌心向前上，指尖向前偏下，位在左膝前略上方。眼先看右手再看左手，耳聽身後（圖36-5）。

【要領】速度較緩慢。欲開先合，右手上掤勁要領住勿失，身勿左歪右斜。

【動作四】身體向右轉螺旋下沉，再略向左轉，重心由右變偏左前，先吸後呼氣。同時沉肩墜肘，含胸塌腰變

圖 36-6　　　　　　　　　　　圖 36-7

開胸，實腹，左旋下沉，鬆胯，扣襠，翻臀，屈膝。左腿
先逆纏裡轉，腳尖上翹裡轉，以腳跟著地鑰出，腳掌落地
踏實變順纏外轉，膝裡扣，五趾抓地，湧泉穴要虛。同時
右腿順纏外轉，膝裡扣，腳掌踏實，五趾抓地，湧泉穴要
虛，變逆纏裡轉。

　　同時左手由腹前向上順纏展出，臂屈墜肘，位在左前
方，高與鼻尖同，掌心向上，指尖向左前。同時，右手逆
纏向右外後展開，變順纏勁運到中指肚，掌心向右後下，
中指尖向右後上方，與左手高度隊等。眼先看右手再看左
手，耳聽身右後（圖36-6，圖36-7）。

　　【要領】速度較緩慢，身體中正。雙手左前右後分勁
要同時達到，形成對稱。

　　【動作五】身體向左轉螺旋略上升，重心偏左前，吸

圖 36-8   圖 36-9

氣。同時沉肩墜肘，略開胸，實腹左旋，鬆胯，圓襠，屈
膝，沉左臀。左腿順纏外轉，膝裡扣，腳掌踏實，五趾抓
地，湧泉穴要虛。右腿逆纏裡轉，五趾抓地，湧泉穴要虛。

　　同時左手由左前方略逆纏向左外略上轉，位在左眼左
前方，掌心向上微偏右，指尖向前偏右。同時右手由右後
略順纏向左前旋，位在兩眼前，掌心偏左前下，微向右外
下勾腕，指尖向右前略偏上。眼左顧右盼，耳聽身後（圖
36-8，圖36-9）。

　　【要領】連續接下動作時速度很快，動作以腰為主宰
結合丹田帶勁，身體快速向左旋轉，雙手快速領勁，身體
勿失去中正之意。

　　【動作六】以腰為主宰結合丹田帶動，身體快速向右
轉，螺旋略上升，再向右下沉，再向左上升，先吸後呼

圖 36-10　　　　　　　　圖 36-11

氣。同時沉肩墜肘，開胸，實腹右旋下沉，鬆胯，合襠，沉右臀，左臀上翻，屈膝合。變含胸塌腰，鬆胯，斂臀，屈膝，再變開胸，突腹，左旋略上升，鬆胯，扣襠，屈膝。左腿逆纏裡轉變順纏外轉，膝裡扣，腳掌踏實，五趾抓地，湧泉穴要虛。同時右腿先順纏外轉，膝裡扣，變逆纏裡轉，五趾抓地，湧泉穴要虛。

　　同時右手逆纏裡轉，由眼前旋轉向右後上旋，向右下沉至右膝右外下，變順纏向左發勁，臂伸展七八分，後翻腕，位在右膝右前上方，掌心向右前偏上，指尖向右後偏下。同時左手由眼前順纏向右上旋轉，再下沉經右胸前至腹前，變逆纏向左上方發勁，位在左胸左前方，臂半圓後翻腕，掌心向左前，指尖向右微偏上。重心由左前變偏右後再偏左前。眼先看左前兼顧右後再看左前，耳聽身後（圖36-10，圖36-11）。

【要領】速度很快。立身中正，勿失中定勁。發勁要鬆活彈性抖，蓄發呼吸內外結合，發勁前，蓄勢要左右上下相合。

第三十七式　雙震腳

【動作一】身體先微左轉螺旋上升，再向右轉螺旋下沉，重心先左後偏右，先吸後呼氣。同時沉肩墜肘，胸略開，略突腹，微左旋，翻右臀沉左臀。變含胸塌腰，斂左臀沉右臀，鬆胯，合襠，屈膝合。左腿先順纏外轉，膝裡扣，變逆纏裡轉，腳掌踏實，五趾抓地，湧泉穴要虛。右腿先微逆纏裡轉，變順纏外轉，膝裡扣，腳掌踏實，五趾抓地，湧泉穴要虛。

同時左手先微逆纏略向左上變順纏外轉裡合，下沉至腹前中線，位在兩膝前中線，臂伸展至七八分，腕後翻掌心向右前，指尖向左前略偏下。同時右手先略順纏向左上變逆纏裡轉向右下沉，臂伸展七八分，位在右膝外側略下坐腕，掌心向右後下，掌指向前，眼看身左側外，耳聽左右（圖37-1）。

【要領】速度稍快。要求動作欲右下先左上，做到勁斷意不斷，動作接勁快勿僵，但要輕柔。

【動作二】身體快速向左轉螺旋上升，重心由右後變偏左前，吸氣。同時沉肩墜肘，開胸，突腹，左旋上升，右臀右後翻，沉左臀，鬆胯，圓襠屈膝。左腿順纏外轉膝裡扣，以左腳跟為軸腳尖外轉約135度著地，腳掌踏實五趾

圖 37-1　　　　　　　　　　　圖 37-2

抓地，湧泉穴要虛。

　　同時左手由兩膝前勾腕逆纏裡轉，經腹前上升變順纏至鼻尖前，裡後勾腕，掌心向裡指尖向裡，虎口向上。同時右手由右膝外側順纏外轉向右後再上升，經身右側頭上變逆纏裡轉，臂伸至七八分，腕後翻，掌心向左前，指尖向左偏後，位在眼上中線。眼看左前，耳聽身右後（圖37-2）。

　　【要領】速度很快。雙手向左上翻，但兩胯要鬆，形成左上右下對稱，保持身體中正，兩膝要開中有合。

　　【動作三】身體向右略轉螺旋上升，再略下沉，重心移右再變左，先吸氣後呼氣。同時沉肩墜肘，胸先開，略突腹，變含胸塌腰，翻斂右臀沉左臀，鬆胯，屈膝合襠。左腿逆纏裡轉，腳掌踏實，五趾抓地，湧泉穴要虛。同時右腿順纏外轉，腳跟提起，腳尖畫裡弧經左腿裡側向前點

圖 37-3

地，位在左腳裡側前。

　　同時右手逆纏向右外略上開展，略下沉（高與右肩同），變順纏裡合略下沉，再略上升，臂屈肘，後翻腕，位在鼻尖前方，掌心向上偏左，指尖向前偏右。同時左手在左肩左側前逆纏上翻，經頭左下略上向前下沉合於右肘彎裡側，掌心向右前下，指尖向前上。眼瞻前顧後，耳聽身後（圖37-3）。

　　【要領】動作練時速度較快。要求先上開下合，再上下相合。

　　【動作四】身體微向右轉螺旋上升，再略向左轉螺旋下沉，重心偏左後，先吸後呼氣。同時沉肩墜肘，含胸塌腰，斂右臀沉左臀，身體略下沉，鬆胯，圓襠，屈膝。用左腳跟及右腳尖以左逆右順纏蹬地（右腳先起左腳後

圖 37-4　　　　　　　　　　圖 37-5

起），隨雙手順纏騰空躍起變隨雙手逆纏，合勁下踩，雙腿以左順右逆纏（左腳先下，右腳後下）下沉震腳。

　　雙手順纏上升時，右手在前高與眼同，左手高與嘴同，下沉後手右前左後，高在胸前略下，掌心向前下，指尖向前上（圖37-4，圖37-5）。

　　【要領】速度較快。要求身體騰空，雙手順纏上升領勁吸氣，雙手絲纏下沉，雙震腳、呼氣同時完成。雙腳同時下沉亦可，重心放在兩腳中間。

第三十八式　玉女穿梭

　　【動作一】身體微向左轉螺旋上升，重心在左，吸氣。同時沉肩墜肘，含胸塌腰，收腹，提肛，斂右臀沉左臀，鬆胯，合襠略屈膝。左腿順纏外轉，膝裡扣，腳掌踏

圖38-1

實，五趾抓地，湧泉穴要虛。右腿逆纏裡轉提，膝裡合，腳提起，腳尖略向左裡下合護左膝。

同時雙手順纏右前左裡後向上領勁翻起，右手位在鼻尖前方，約距鼻尖50公分，掌心向上微偏左，指尖略偏右前。左手位於胸前右肘彎裡上側，以小指輕貼右肘彎裡上側，掌心向右，指尖向前略偏左。眼看雙手前，耳聽身後，兼顧左右（圖38-1）。

【要領】速度較快。雙手順纏上翻右膝上提時，要上下相合。否則有上沒下，易犯上浮亂晃，腳底拔跟之病。

【動作二】身體快速向左轉90度，略旋略上升，重心在左，吸氣。同時沉肩，開胸，突腹，右臀向右後上翻，沉左臀，鬆胯，合襠屈膝。同時右腿逆纏裡轉，膝再向右前上提起蹬出，左腿順纏外轉，膝裡扣，腳掌踏實，五趾抓地，湧泉穴要虛。

圖 38-2

同時雙手逆纏領勁，用挒勁雙逆纏以左前右後分開。右手位在右前方，臂上展至七八分，掌心向右前，指尖向左上，高與右眼同。左手位在右肩裡前，後翻腕屈肘，食指尖及中指尖貼於右肩窩前，掌心向前，指尖向右後上。眼瞻前顧後，耳聽身右後（圖38-2）。

【要領】速度很快。運用身法以腰為主宰，用挒勁做到雙開勁。

【動作三】身體快速向右旋轉近180度，螺旋略下沉，重心偏右前，呼氣。同時沉肩，開胸，突腹，翻右臀，鬆胯，圓襠。右腿順纏外轉，腳尖上翹外轉約135度，向前上一大步，以腳跟著地變實，五趾抓地，湧泉穴要虛。同時左腿逆纏裡轉（重心變右前時），腳跟提起，以腳尖點地為軸，裡轉以右腳形成拗步。

同時雙手以左逆纏向左前及右順纏向右後以挒勁分

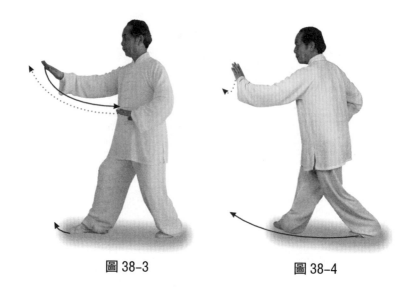

圖38-3　　　　　　　　圖38-4

開。左手臂伸至七八分，位在左眼左側前，掌心向左前方，指尖向右上方。右手位在右胸前，指尖向左前，小指輕貼在胸前，掌心向裡偏上。眼看左前兼顧右後，耳聽左後方（圖38-3，圖38-4）。

【要領】速度很快。要求身隨左掌走，雙手掌以捌勁分開。右腳同時向前上一大步，以腳跟著地。邁步是向前搶上一大步，勿跳。

【動作四】身體快速繼續向右旋轉約45度，螺旋上升，重心先右後左，吸氣。同時沉肩，開胸，突腹，略上翻臀，鬆胯，圓襠。同時右腳蹬地隨身騰空，屈膝上提順纏外轉。左腿逆纏裡轉，提膝，隨左手前推向左前跳起旋轉躍步，以腳尖著地。

同時左手逆纏向左前以捌勁穿出，掌心向前，指尖略

圖 38-5

偏右上。同時右手順纏向右後挒勁分開，位在右胸前，小指貼在右胸前，掌心偏裡上，指尖向前。眼看左掌，耳聽身後（圖38-5）。

【要領】速度很快。要求右膝蹬地身騰空右轉隨左掌走，不要低頭下看。下沉時是左腳尖著地，重心變左。

【動作五】身體繼續快速向右旋轉180度，左腳以腳尖為軸隨身轉180度後腳跟落地，五趾抓地腳心空，右腿屈膝提起懸於身旁，同時右手隨身轉，由胸腹部畫上弧至身右上側，左手畫下弧於身左下，眼視右方，耳聽身後。

身體微左轉，螺旋下沉，同時沉肩墜肘，含胸塌腰，沉左臀翻右臀，鬆胯，扣襠屈膝，右腿逆纏，以腳跟裡側向右蹬出，左腿順纏，膝裡扣。同時雙手順纏畫弧，（右手由右上向中線，左手由左下向中線），右採左挒合於胸

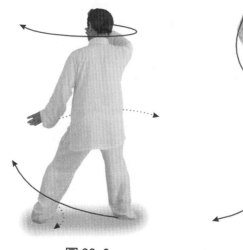

圖 38-6   圖 38-7

前，眼顧身右，耳聽身後。

　　身體向右轉，沉右臀翻左臀，左腿逆纏右腿順纏，膝裡扣，重心由左變偏右，同時右臂手逆纏向右畫弧落於身右側，高於耳齊，左臂手逆纏下沉畫弧向外下停於左胯旁。眼兼顧左右，耳聽身後（圖38-6，圖38-7，圖38-8，圖38-9）。

　　【要領】速度很快。要求身隨掌轉，左腳尖一著地即鬆左跨屈膝。同時左手沉，形成上下相合。身體隨右手外開右轉，右腳著地後，即扣住襠，兩腳心空，以求穩定。如上下不合，躍步轉身腳著地，易犯前俯後仰之病。

　　為適應年老體弱和鍛鍊不久的人練習，可將跳躍動作改為不跳躍的上步動作。

圖38-8　　　　　　　　圖38-9

第三十九式　金剛搗碓

【動作一】分二節

一節：身體微向右轉螺旋下沉，重心偏右，呼氣。同時略沉肩墜肘，含胸塌腰，鬆胯，圓襠，屈膝。右腿順纏，膝裡扣，左腿逆纏，兩腳五趾抓地，腳心空。

同時右手逆纏略向右前方展開，大拇指領住上掤勁，高度在右眼右前略上，掌心向右前方，指尖向左上方。左手順纏外轉，掌心向左前，指尖向前下方，位在左膝略外側上方。眼先看右手再看左手，耳聽身後。

二節：身體繼續向右轉螺旋略下沉，重心走下弧變偏左，吸氣。同時沉肩墜肘，含胸塌腰，鬆胯先合後圓襠，左臀下沉。左腿逆纏裡轉，左腳五趾抓地。右腿順纏外

圖 39-1

轉，膝裡扣。同時右腳跟提起以腳尖貼地，在左腳右側略前畫一個U形弧線至左腳右前方，以腳尖虛步點地。

同時右手變順纏下沉，由身體右前畫右下變裡弧至腹前，向前上至於胸部，手心向上，指尖向前略偏下。左手變逆纏，掌心向左前上，指尖向左後上翻轉上托，經身體左側上翻至左耳下略前，再向前上至眼前中線下沉，掌心向下合至右肘彎處。左臂裡側保持半圓，肘臂外側掤勁不失。眼先看右手腳再看左手，後看前，耳聽身後（圖39-1）。

【要領】一節，要右手逆纏上掤勁領住不丟，左手順纏外翻的同時左膝腳尖要向裡勾，形成上邊手開，下盤兩膝、胯、腳要相合。

【動作二】與第二式金剛搗碓動作六練法相同（圖39-2，圖39-3）。

圖 39-2　　　　　　　　　　圖 39-3

第四十式　披身捶（含背折靠）

【動作一】分兩節

一節：身體微微向右轉螺旋略下沉，重心偏左，吸氣，眼看雙手，耳聽身後。同時沉肩墜肘，含胸塌腰，沉左臀斂右臀，鬆胯，圓襠，屈膝合。左腿逆纏，右腿略順纏，兩腳五趾抓地。

同時右拳在左掌心內，粘連旋轉變掌，與左右掌同時向前略順纏。雙掌心向上，右手在左手心上，雙手指尖交叉斜左前及右前略上方，高度腹在部前上，距腹部約20～30公分。

二節：身體略微向左轉，螺旋略下沉，重心略右移還偏左，呼氣。眼看雙手兼顧左右，耳聽身後。同時沉肩墜

圖 40-1   圖 40-2

肘，含胸塌腰，沉左臀略翻左臀，鬆胯，圓襠，屈膝合。
左膝裡扣，左腿略順纏，右腿略逆纏，兩腳五趾抓地。

同時雙掌心向上略逆纏先下沉至腹前，再向兩旁分
開。左手在左膝左外上方，右手在右膝右外上方，雙手裡
勾腕，指尖相向相對（圖40-1，圖40-2）。

【要領】第一節接勁，速度略快，輕鬆、靈活，吸氣
要短要快。第二節速度較緩慢，要沉穩，呼氣較長。總的
說：吸短呼長，吸快呼慢。

【動作二】身體微向左轉螺旋下沉，重心偏左，再右
移微偏右，先吸後呼氣。眼看雙手，耳聽身後。同時沉肩
墜肘，胸上塌疊，開胸，後上翻臀。再含胸塌腰，收臀，
鬆胯，圓襠屈膝。左臀下沉，左腿順纏，膝裡扣，左腳五
趾抓地。右腿逆纏裡合，腳尖上翹裡合，以腳跟裡側向右

圖 40-3

貼地蹬出，隨重心右移腳尖漸落地，五趾抓地。

　　同時雙掌分向左右展腕，以掌心向上略順纏翻轉，指尖分向左、右。高與兩肘同。然後雙手繼續順纏翻轉，掌心斜向上，以雙掌小指向前上裡合（高與眼同），左手在外，右手在內，雙腕交叉（高在胸部前略上），雙手變逆纏，雙掌心交叉合向左，再向右略偏前，指尖斜向上，勁運中指肚（圖40-3）。

　　【要領】重心左移，右腿變虛向右貼地蹬腳前，胸上折疊，胸開，後上翻臀，雙手略順纏外翻展腕時，速度要較快輕靈。雙手順纏向前上裡合時要緩慢，要手合腳開，也就是上合下開同時完成。

　　【動作三】以腰為主宰結合丹田部位領動，身體先向右轉螺旋略下沉，重心偏右。同時沉肩墜肘，含胸塌腰，

圖40-4

鬆胯，左腿順纏裡合，右膝裡扣，兩腳五趾抓地。吸氣眼看拳及身左側，耳聽身後兼顧右。

同時雙拳先略逆纏，手腕後翻，雙拳背相接近，雙腕交叉粘連不脫，雙拳略逆纏的同時手腕放鬆，雙拳先向左外略前旋轉（形成半圓掤不失）的同時左膝裡扣。然後雙腕交叉粘連，雙拳變順纏向左裡，再向右至胸前上中線。身向左轉螺旋下沉，重心偏右，呼氣，眼左顧右盼。同時右拳順纏向前略上掤出，略裡勾腕，拳心向內，虎口向右側，高與鼻尖同。同時左拳變逆纏，由右拳外向左略展開，裡勾腕虎口向上，高與右拳同，雙拳距離約20～30公分。同時沉肩墜肘，含胸塌腰，鬆胯，屈膝合，左腿順纏，右腿逆纏，兩腳五趾抓地（圖40-4）。

【要領】放鬆，以腰為主宰結合丹田領勁，開始旋轉要快，要靈活，肩要鬆沉，勿上晃。最後雙拳分開較緩慢，要做到腰活似車軸，要練到上邊拳向左外前開，左肘

圖 40-5

膝裡合，反之亦是。雖是原地練習，應注意練到上開下合，否則下盤晃動基礎不穩。總之要練到上盤鬆動靈活，下盤堅實穩固。

　　【動作四】以腰為主宰結合丹田部位領勁，身體突向左轉螺旋略下沉，略沉肩，右胸左轉開，兩胯鬆，扣襠，左臀下沉，左膝裡扣。左腿順纏右腿逆纏，兩膝合，兩腳五趾抓地，重心偏左，吸氣。

　　同時右拳從鼻尖前向右前上方變逆纏虛握拳裡勾腕，向右前上方突出右腕背後變順纏，懸臂肘後翻腕，拳心向上，虎口向右後，高度在眼上方中線。同時左拳虛握由原位置向左逆纏略下沉開展，變順纏向左上外翻，拳心斜向裡右上，虎口向左後偏上，高度與左耳同。眼看右肘外側，耳聽左右（圖40-5）。

　　【要領】以腰為主宰，結合丹田領勁，動作速度很

圖 40-6

快。以腰以上螺旋上升是「上引」，腰以下重心左移偏左。同時右腿逆纏裡合螺旋下沉，勁運到右腳跟右內至後外側。形成主宰於腰，右臂右腿上下螺旋的開勁，以求得到「上引下進」之功。

【動作五】身體向右轉螺旋下沉，重心偏左，呼氣。同時沉肩墜肘，含胸塌腰，鬆胯，圓襠，左臀下沉，右臀上翻，左腿逆纏，右腿順纏裡扣，兩腳五趾抓地。

同時右拳變逆纏從眼上中線下沉，至腹前向右側外後下沉掤出。拳心向左裡虎口向上偏前，裡勾腕位在右膝後外側略上，距膝部約50公分。同時左拳由左前方順纏向右裡合，略畫上弧至眼前中線略下沉，對準鼻尖，拳心向裡，虎口向左，左肘與右膝相合。眼先看右拳再看左拳，耳聽左右（圖40-6）。

【要領】速度較緩，右臂、肘、腕外掤勁加強，右膝

圖 40-7

裡扣，與左膝合，左肘與右膝合，這是斜線相合。

【動作六】身體向左轉螺旋下沉，重心走下弧，右移偏右，先呼後吸氣。同時沉肩墜肘，含胸塌腰，鬆胯，圓襠，右臀下沉。右腿逆纏，左腿順纏膝裡扣與右膝合，兩腳五趾抓地。

同時右拳虛握裡勾腕，逆纏從右外下向右上旋轉至右前方，高與右眼同，變順纏隨身左轉至左前方停在眼前中線。虎口向上，拳心向左略偏後。同時左拳變逆纏下沉至腹前向左，拳心向裡右貼在左下肋部（圖40-7）。

【要領】速度平穩，右肩右胯右臀同時下沉，左肘與左腿合，右膝與左腳合。

【動作七】身體微右轉螺旋下沉，下塌腰，鬆左胯，圓襠，沉右臀，右腿順纏裡扣，左腿逆纏腳尖裡勾，兩膝合。

圖 40-8

左腿展至八九分，兩腳五趾抓地。呼氣，重心大部偏右。

同時左拳貼左下肋逆纏旋轉，沉肩墜肘，後折坐腕，拳心貼在左腹側，虎口向左後。同時右拳變逆纏略下沉，再向右上方略旋起，拳心向右前方，虎口向下，位在右太陽穴右前略上方。

眼看左肘與左腳尖，耳聽右後（圖40-8）。

【要領】速度較快。左肘左腳尖，眼看三點成為一線，右臂肘高不過右拳。裡側保持半圓，掤勁不失。左腿伸直至八九分，兩膝相合。做到「左重則左虛」，這是大虛大實，虛實分明。

第四十一式　青龍出水

【動作一】身體向右轉螺旋下沉，重心偏左，先快吸後呼（吸短呼長）。同時以腰為主宰結合丹田帶動快速右

圖41-1　　　　　　　　圖41-2

轉，沉肩墜肘，含胸塌腰，沉左臀翻右臀，鬆胯，扣襠，左
腿逆纏裡合，右腿順纏膝裡扣與左膝合，兩腳五趾抓地。

　　同時右拳從右太陽穴順纏翻略向右上，再向右前下翻，
拳虛握裡勾腕，右肘與右膝合後，再向右側後外逆纏（經右
膝外上）翻轉，位在右膝右外後，略高於膝，拳虛握，裡勾
腕，拳心向左前，虎口略偏左上。

　　同時左拳從左肋部順纏上翻經左腋下，向中線前上翻
轉，拳虛握裡勾腕，拳心向裡，虎口向上略偏左，高度與鼻
尖同，距鼻尖約40公分，眼先看右拳再看左拳，耳聽身後
（圖41-1，圖41-2）。

　　【要領】以腰為主宰結合丹田領勁，動作突然迅速，
旋轉上下相合。

　　【動作二】身體向左螺旋下沉，重心由左走下弧移偏
右，呼氣，眼左顧右盼，耳聽身後。同時沉肩墜肘，含胸

圖41-3

塌腰，鬆胯屈膝，右臀下沉外突，鬆胯，圓襠，屈膝合。右腿逆纏，左腿順纏，膝裡扣，兩腳五趾抓地。

同時右拳虛握裡勾腕，逆纏由右外後方上翻再（臂裡側半圓）向右前上翻轉至右前上方，下與膝對，比右眼略高，拳心向右後偏下，虎口向前偏左下。同時，左拳由鼻尖前逆纏裡轉下沉，拳虛握，腕裡勾，拳心向裡，虎口向上，高在腹前中線，臂半圓，肘略外掤與左膝合（圖41-3）。

【要領】較緩慢，要求上下左右相合。

【動作三】以腰為主宰結合丹田領勁，身體快速抖動向右旋轉螺旋下沉，重心由右下沉移偏左，呼氣。同時沉肩墜肘，含胸塌腰，左臀下沉由左後向左外前旋突外胯，扣襠。左腿逆纏裡轉，右腿順纏，膝裡扣，兩腳五趾抓地。

同時右拳從右前上方順纏外翻快速下沉，收回至大腿上，拳心向上，虎口向右偏前。同時左拳由腹前變掌逆纏

圖41–4

略向前上（原右前方）抖出，勁運掌背及指尖，高在胸前下，掌心向右，虎口向上。眼先看右拳再看左拳，耳聽身後（圖41–4）。

【要領】要快，發勁彈抖。又名左撩。發勁鬆活彈抖，上下相合。

【動作四】身體向左轉螺旋下沉，重心由左下沉移偏右，發勁後還偏左，先吸後呼。眼看右前兼顧左，耳聽身後。同時沉肩墜肘，含胸塌腰，鬆胯，圓襠，屈膝。右腿逆纏裡轉，左腿順纏裡扣，兩腳五趾抓地。

同時右拳由右大腿上逆纏裡翻，順大腿裡側略下沉，（肘裡轉前掤與左膝合）向右前略上發勁。虎口向左裡下，拳心向右下，位在右膝上，高與肚同，勁運小臂外肱。裡臂保持半圓，掤勁不失。同時左掌變拳半虛握，逆纏裡轉，回收至腹前上中線，拳心輕貼腹部，虎口向上，

圖41-5

肘與膝合（圖41-5）。

【要領】速度快，發勁要有彈性，又叫右彈。身體要中正，勿左歪右斜，上下相合。

第四十二式　雀地龍

【動作一】身體先略向右轉略螺旋上升，再向左轉約45度螺旋下沉。重心先偏右再下沉移偏左，先吸後呼氣。同時先沉肩略開胸，突腹，右旋略下沉，鬆胯，圓襠，向右後上略翻臀部，屈膝合。再沉肩墜肘，含胸塌腰，鬆胯，合襠，屈膝開合。左腿先逆纏裡轉變順纏外轉，膝裡扣，腳掌踏實，五趾抓地，湧泉穴要虛。同時右腿先順纏外轉膝裡扣，變逆纏裡轉，腳掌踏實，五趾抓地，湧泉穴要虛。

同時右勾手逆纏略放鬆向右上旋再向右外開變順纏向右側前下沉，經腹前向上合，臂半圓，拳心向上略偏裡，

圖 42-1　　　　　　　　　　圖 42-2

虎口向右前方，位在心口前約45公分。同時左手略向左側前順纏外轉變拳虛握，再逆纏裡合經鼻前下沉交叉於右前小臂裡上略上右前方，拳心向下。眼左顧右盼，耳聽身後（圖42-1，圖42-2）。

　　【要領】身體先向右略轉，接勁時較快；身體向左轉下沉，雙腕臂交叉合時略慢。要求上升吸氣，下沉呼氣。動作運勁要輕沉兼備，快慢相間。

　　【動作二】身體向右轉約45度螺旋下沉，重心偏右，吸氣。同時沉肩墜肘，含胸塌腰，鬆胯，屈膝開合。左腿逆纏裡合，以腳跟為軸，腳尖隨身轉裡勾。同時右腿順纏外轉，膝裡扣，腳掌踏實，五趾抓地，湧泉穴要虛。

　　同時右拳逆纏裡轉拳虛握，裡下勾腕向後上方開，拳心向下略偏裡，位在右眼右側前。同時左拳由右小臂上經裡下沉過襠前至左膝裡側前近上，拳心向上略偏裡，虎口向左前

圖42-3　　　　　　　　　　　圖42-4

上。眼先略看右拳，再看左拳前，耳聽身後（圖42-3，圖42-4）。

【要領】速度較緩慢。據體質強弱，大的低身法，左腳尖上翹，腿肚子貼地。中等身法，左腳尖裡勾，腿肚子不貼地。

第四十三式　上步七星

【動作一】身體向左轉約15度，先略沉再螺旋上升，重心由右後移左腳，先呼後吸氣。同時沉肩墜肘，含胸塌腰，鬆胯，圓襠，屈膝開合。左腿順纏外轉，以腳跟為軸向左外轉約90度左右著地，膝裡扣，腳掌踏實，五趾抓地，湧泉穴要虛。右腿逆纏裡轉（當左腳踏實後）提起隨身轉，向左腿前上步，成虛步，腳尖點地。

同時左拳先略順纏變逆纏，先略下沉再向左前上沖。

圖 43-1　　　　　　　　　　　圖 43-2

臂半圓略向裡勾腕，拳心向裡偏下，位在鼻尖前約25公分左右。同時右拳由右側上，變順纏向右後開下沉，經身右側向左腕前交叉上沖，臂半圓，略向裡勾腕，拳心向裡偏下。眼先看左拳，再看右拳及右步，耳聽身後（圖43-1，圖43-2）。

　　【要領】動作練習時速度較慢。身向左轉，雙拳先後交替上沖時，身體要正，勿左歪右斜，左實腿略屈膝。

　　【動作二】身體快速微向左轉，再微向右轉螺旋下沉，重心偏左後，先吸後呼氣，同時先沉肩，開胸，突腹，翻腹，鬆胯，屈膝合。再沉肩墜肘，含胸塌腰，沉臀，鬆胯，扣襠，屈膝合。左腿先微順纏，再微逆纏裡轉膝，腳掌踏實，五趾抓地，湧泉穴要虛，同時右腿先微逆纏，變微順纏膝裡扣，腳尖裡合虛步點地。

圖 43-3

同時雙拳變掌，粘連右上左下略下勾腕上。再繼續粘連雙逆纏，旋轉以左前右後雙腕略交叉合住坐腕向前發勁，雙腕交叉點在鼻前。雙掌心向前交叉偏向左前及右前，指尖向前兩側隅角前上。眼看前下方，耳聽身後（圖43-3）。

【要領】速度較快。身體微向左轉雙拳變掌逆纏上掤時，胸、腹、胯、臀、膝等部位要折疊旋轉，開合時要下沉，與雙掌逆纏上掤方向相反。這是有上即有下，支撐八面運勁的方法。

第四十四式　退步跨虎

【動作一】身體先微向左轉螺旋略上升，再微向右轉，螺旋下沉（動作、運勁這一段稍慢，待上下相合後），再快速繼續向右轉旋轉約90度，螺旋下沉，重心是左——右—

一左，微偏右，先吸後呼，再吸再呼氣。

　　同時先沉肩，開胸，收腹，鬆胯，圓襠，後上翻臀部，屈膝。再沉肩墜肘，含胸塌腰，鬆胯，合襠，收臀，屈膝。再沉肩，開胸，收腹，鬆胯，圓襠，後上翻臀部，屈膝。再沉肩墜肘，含胸塌腰，鬆胯，扣襠，收臀，屈膝。

　　同時左腿先微順纏外轉，膝裡扣，再變逆纏裡轉，再以腳跟為軸腳掌擦地，腳尖裡轉約90度後，腳掌踏實，五趾抓地，湧泉穴要虛。

　　同時右腿先微逆纏裡轉，腳尖點地，再變順纏外轉，膝裡扣（上下相合後）繼續順纏外轉，以腳尖擦地隨身旋轉向右後方，以腳尖擦地快速退一大步，腳掌踏實，五趾抓地，湧泉穴要虛。右腳踏實後，左腳尖隨身裡轉，兩腳平行在一條線上。

　　同時雙腕交叉粘連雙手臂先略向前上雙逆纏上揚（欲下先上之意）變略雙順纏向前下沉，再變雙逆纏裡轉，由腹前粘連旋轉上提至胸前（左腕在裡上下勾腕，右腕在右前外略下方下勾腕），再粘連旋轉變雙順纏（由裡向外上方旋），雙腕外突，雙掌心向裡（左腕在外，右腕在裡）變雙逆纏（左腕外，右腕裡）略下沉，雙掌心交叉向兩側外斜下方，雙手指尖交叉向兩側斜上方，勁運至雙手中指肚，雙腕交叉點在胸前略上方。

　　眼先看前，再看身右後，再看前方，耳聽身後（圖44-1，圖44-2，圖44-3）。

　　【要領】先略慢，要穩，轉身退步時動作較快。肩、胸、腰、腹、胯、臀、膝等關節在運勁時，要開合、運化、折疊、氣通脊背，反覆兩次，此動作充分體現拳論中

圖 44-1　　　　　　　　　　　　　　圖 44-2

圖 44-3

「緊要全在腰間，胸中運化」的含義。鬆垮後上翻臀部與鬆垮收（斂）臀部，這種辨證關係是其他拳式及拳論中所沒有的。另外，運勁時雙腕始終交叉粘連旋轉勿離開。

圖44-4

【動作二】身體微左轉螺旋下沉，重心略偏右，呼氣。同時沉肩墜肘，含胸塌腰，鬆胯，圓襠，屈膝合。左腿順纏外轉，膝裡扣，腳掌踏實，五趾抓地，湧泉穴要虛。右腿逆纏裡轉，腳掌踏實，五趾抓地，湧泉穴要虛。

同時兩手由胸前上雙逆纏下沉向兩旁分開，變略雙順纏分沉至兩膝略外下方（高架子在兩大腿上方），掌心分向左右外前下方，指尖分向左右前方。眼向前看，兼顧兩手，耳聽身後（圖44-4）。

【要領】速度要穩，身體要正。身體下沉，雙手逆變順纏下沉分開，呼氣，同時完成，要放鬆，勿僵持。

【動作三】身體先略向左轉螺旋下沉，再螺旋略向右轉上升，再略下沉，重心偏右，先呼後吸氣。同時先沉肩墜肘，開胸，突腹鬆胯，合襠，屈膝後上翻臀部，略向左旋。再沉肩墜肘，含胸塌腰，鬆胯，圓襠，屈膝合。同時

圖 44-5

　　右腿先略逆纏裡轉，再略順纏外轉，膝裡扣，腳掌踏實，五趾抓地，湧泉穴要虛。同時，左腳跟提起離地，腳尖擦地逆纏裡轉略畫後弧線合於右腿裡側旁，腳尖略向左前外，勿超過右腳尖。

　　同時雙手略逆纏分向兩側外開變雙順纏外翻，由身兩側向前上合下沉，左手合沉於腹前，掌心偏右前，後翻腕，指尖向左前。右手合沉鼻尖前，臂屈半圓，掌心向左偏前，指尖向前上偏右前。眼左顧右盼，耳聽身後（圖44-5）。

　　【要領】速度較慢。要充分體現拳論中的「緊要全在胸中，腰間運化」的要義。做到「開中有合」雙手向兩側逆纏分開，下盤前襠要合住勁，會陰穴要虛。「合中有開」雙手由兩側像前上略下沉合，但下盤左腿合後要圓襠，做到虛靈。

圖 44-6

【動作四】身體略轉左螺旋略下沉，重心在右，呼氣。同時沉肩墜肘，開胸突腹，鬆胯，合襠，後上翻臀部。同時雙手臂逆纏分向右上、左下展開，右手在右前方，高與耳同，掌心向前略偏右，指尖向上略偏左；左手在左胯前，掌心向左下略偏左，指尖向前略偏右上。

右腿略順纏，腳掌踏實，腳心空；左腿略順纏，腳尖提起鑲嵌於右腳前點地。眼向前看，兼顧左右，耳聽身後（圖44-6）。

【要領】上開下合，注意意氣下沉，周身掤勁不失。

第四十五式　轉身雙擺蓮腳

【動作一】身體略左轉下沉變右轉約180度，重心由右變左，先吸後呼氣。同時沉肩墜肘，含胸收腹，鬆胯，圓

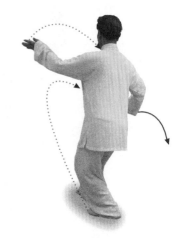

圖45-1　　　　　　　　　　　　圖45-2

禥，略沉右臀翻左臀，變沉肩墜肘，略開胸突腹，沉左臀翻右臀。同時左腿順變逆纏，以腳尖為軸腳跟裡後轉約180度落地，腳掌踏實，五趾抓地，湧泉穴虛。右腿隨身轉逆變順纏，腳跟提起，以腳尖為軸外往裡轉約180度，腳尖在左腳右前方虛虛點地，成右虛步。

　　同時右手臂順變逆纏，由右上隨身轉畫弧經胸前中線向右下展開，高與右肋同，掌心向右下，指尖向左前，挒勁不失。左手臂逆變順纏，由左下翻轉向裡上畫弧合在額前中線，高與鼻尖同，反折腕，掌心向右上，指尖向左偏前。眼顧左右，耳聽身後（圖45-1，圖45-2）。

　　【要領】左轉下沉要輕靈，右轉要穩重，重心變換要平穩，轉動時身體勿左歪右斜。吸短呼長，氣息下沉於腹。

　　【動作二】右腳快速向右前上一小步，腳跟著地。身快速向右後轉約150度螺旋上升，再略下沉，重心在右，吸

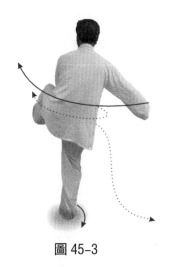

圖 45-3　　　　　　　　　　圖 45-4

氣。同時沉肩，收腹，吸氣，提肛，鬆胯，合襠，略屈右
膝。再沉肩墜肘，含胸塌腰，鬆胯，圓襠，屈膝合，右臀
向右後突出。右腿以腳跟為軸，腳尖略上翹，順纏，隨身
向右後旋轉約135度，腳尖落地，膝裡扣，腳掌踏實，五趾
抓地，湧泉穴要虛。同時左腿逆纏裡轉，腳尖上翹裡合，隨
身向右後裡合擺起旋轉約135度，以腳跟裡側著地，腳尖上
翹裡合，位在右腳左前方。

　　同時右手逆纏，大拇指領勁向右後略上旋轉，位在右眼
右前略上方，掌心向右前略微偏上，指尖向左略偏前。同時
左手由左大腿上變順纏，以小指領勁向右後上方裡合（帶動
左腿旋轉），位在兩眼中線前，掌心向右上方，後翻腕，指
尖偏左前上方。眼先看右手，再看左手，再看左肘外側，耳
聽身後（圖45-3，圖45-4）。

　　【要領】速度要快。身體向右後旋轉時身要正，勿歪
斜，兩手間隔寬度不要超過肩寬。左手順纏領勁裡上合旋

轉時要帶動左腿，左腿裡合時要擺起，充分體現出：一、
手腳相合；二、左腿裡合時腿法擺擊的作用。身體向右後
轉時，姿勢愈低，架子愈大。轉體的角度就超過180度。反
之不超過180度。

【動作三】身體快速向右旋轉約180度，螺旋下沉，呼
氣，重心偏左。同時沉肩墜肘，含胸塌腰，鬆胯，合襠，
向左沉突左臀，屈膝。左腿以腳跟為軸，腳尖裡合著地，
腳掌踏實，五趾抓地，湧泉穴要虛。同時右腿順纏外轉，
膝裡扣（或腳尖上翹裡合），五趾抓地，湧泉穴要虛。

同時左手由兩眼前變逆纏裡合下沉至兩膝中線（拳勢
較低）略下方，掌心向下，指尖向右。同時右手由右眼右
前略上方向右順纏領勁下沉至右膝外側，掌心向右前下，
指尖向右前略上方。眼左顧右盼，再看左肘外側，耳聽身
後（圖45-5）。

【要領】速度很快，身體隨手轉雙手向下沉，重心偏
左，沉肩墜肘突左臀，與雙手形成對稱以穩定身體平衡。

【動作四】身體先略向左轉略螺旋上升，再向右轉螺
旋略下沉，再向左轉，螺旋上升，重心左——右——左，
呼吸為吸——呼——吸氣。同時先沉肩，收腹，吸氣，鬆
胯，屈膝左旋略上升。再沉肩墜肘，含胸塌腰，鬆胯，合
襠，屈膝合左旋下沉。再沉肩，開胸，突腹，鬆胯，扣襠，
左臀向左外上突旋，屈膝。

左腿先順纏外轉，膝裡扣，變逆纏裡轉再順纏外轉，膝
裡扣，腳掌踏實，五趾抓地，湧泉穴要虛。同時右腿先逆纏

圖 45-5

圖 45-6

裡轉變順纏外轉，膝裡扣，五趾抓地，湧泉穴要虛。再逆纏裡轉向左上屈膝裡合提起，然後右腳順纏由左上經胸前向右外上擺與雙手相合擺擊。擺擊後，膝上提裡合腳下垂放鬆懸空。

　　同時雙手以左順右逆纏先向左上旋轉經眼前，變左逆右順纏向身右側下沉（同時右腳逆纏裡合向左上提起），再左逆右順纏左上合擊拍右腳面外側，拍擊後雙臂肘略屈沉。左手位在右膝裡上側左胸前，腕放鬆，掌心向左前方，指尖向左。右手位在右膝外側，腕放鬆，掌心向左前方，指尖向右略偏下。眼左顧右盼，再看左前，耳聽身後（圖45-6，圖45-7，圖45-8）。

　　【要領】速度要快。氣宜鼓蕩。左實腿略屈，右腳外擺時，雙臂略屈，腕放鬆，雙手拍擊右腳時要輕鬆，勿伸臂過直，否則易影響身體中正及平衡。這節因是分節動作

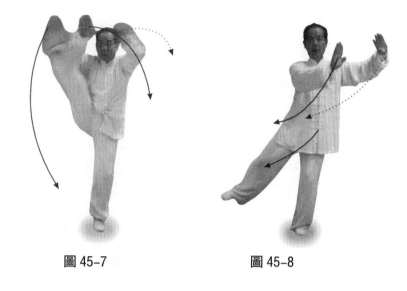

圖 45-7　　　　　　　　圖 45-8

所以多了一個身向左轉略上升，這是引勁。如連續動作可
省略，身體先向左轉連續右旋下沉，再左旋上升即可。

第四十六勢　當頭炮

【動作一】身體先略向右轉約15度略上升，再向左轉
約60度螺旋下沉，重心全部放在左腿，先吸後呼氣。同時
先沉肩墜肘，含胸塌腰，鬆胯，合襠收臀，屈左膝，略向
左前上提右膝。再沉肩墜肘略開胸，突腹，鬆胯，扣襠，
沉左臀，向右上突翻右臀，屈左膝。同時左腿先逆纏裡合
再順纏外轉，膝裡扣，腳掌踏實，五趾抓地，湧泉穴要
虛。同時右腿先順纏外轉，膝裡合向左前上提，再逆纏裡
轉向右後方下沉，以採捌勁斜下繃出，以腳跟裡側著地，
腳尖裡合，勁逆纏至腳大趾，裡合外翻至腳跟外側。

圖 46-1

圖 46-2

　　同時左手由胸前順纏外轉變拳虛握合於右膝外上，拳心向上，然後再快速繼續順纏經右肋及右胸向左前上翻出，臂略屈伸展至七八分，拳心向右上，虎口偏左前上，位於鼻前中線。

　　同時右手由右膝外側略下方逆纏，裡轉變拳，虛握略沉，拳心向下略偏右後方。然後再繼續逆纏經身右側向左前上翻出，拳心向左前下方，虎口略偏左後上方位在左拳右側上方。兩拳心相對，距離與肩同。眼先看左前，兼顧右後再看左前方，耳聽身左後（圖46-1，圖46-2）。

　　【要領】先略慢要穩，雙拳同時向左前上翻及右腿向右後方斜下纏出時要快。動作運勁要快慢相間，穩中求快剛柔互濟，雙手變拳左順右逆纏略下沉，及右腿裡合上提蓄勢時，要上下、左右、內外一起合住勁。另外雙拳經身體右側略下沉向左前上翻出時，雙拳間距要保持與肩寬

同，要拳翻及右腳向右後下繼出同時完成。

【動作二】身體先略向左轉略上升，再向右轉約60度螺旋下沉，重心先偏左前，後移略偏右後，先吸後呼氣。同時沉肩略開胸，先收後突腹，吸氣，鬆胯，圓襠，沉左臀，向右後上翻右臀部，略屈膝。再沉肩墜肘，含胸塌腰，鬆胯，合襠，斂臀，屈膝。同時左腿先順纏外轉，膝裡扣，再逆纏裡轉腳掌踏實，五趾抓地，湧泉穴要虛。同時右腿先逆纏裡轉，再順纏外轉，膝裡扣五趾抓地，湧泉穴要虛。

同時左拳先逆纏裡下勾腕折疊，先略上升再順纏下沉合於兩膝中線前，距腰部約45公分，拳心偏右後上，虎口偏左前上方。同時右拳虛握，先逆纏裡勾折腕略向左前上升，再變順纏下沉合於襠前，偏右約20公分，略裡上勾腕，拳心向左裡上，虎口偏右前上方。眼先看雙拳再看左前下方，耳聽身右後（圖46-3）。

【要領】雙腕逆纏折疊，先向左前略上升時較快，雙順纏向下沉合時較慢。雙腕逆纏勾腕折疊略上升時，動作運勁要以腰為主宰，做到「緊要全在胸中腰間運化」。

【動作三】身體先略向右轉約15度略下沉，再向左轉約60度螺旋上升，重心先略偏右後再移偏左前，先吸後呼氣。同時，先沉肩墜肘，含胸塌腰，鬆胯，合襠，屈膝。再沉肩墜肘，開胸，突腹，鬆胯，扣襠，略翻臀再沉左臀。同時，左腿先逆纏裡轉，再順纏外轉，膝裡扣，腳掌踏實，五趾抓地，湧泉穴要虛。同時右腿先順纏外轉膝裡扣，再逆纏裡轉，腳掌踏實，五趾抓地，湧泉穴要虛。

圖 46-3　　　　　　　　　　　圖 46-4

　　同時左拳先略順纏再逆纏裡勾腕由襠前向前上掤出，臂半圓，掤勁不失，裡勾腕，拳心向裡，虎口向上，位在胸前約 50 公分。同時，右拳先略順纏再逆纏裡勾折腕，由右大腿裡側向前上掤出，臂屈半圓掤勁不失，略裡勾腕，拳心向裡，虎口向上，位在左拳後，比左拳微低一些。眼先看雙拳，再看雙拳前，耳聽身右後（圖46-4）。

　　【要領】雙腕裡勾略下沉，折疊時要快，雙拳向左前上掤出時略慢要穩。要求動作運勁要以腰為主宰，結合丹田帶動胸、腰運化折疊開合。雙拳領勁向左前上掤出時，勁要柔，含蓄隱而不發，勁蓄其中。

第四十七式　金剛搗碓

　　【動作一】身體先略向左轉約15度，略上升再向右轉

約 60 度，螺旋下沉，再向左轉約45度先螺旋下沉，再上升。重心先偏左前，下沉移偏右後，再偏左前，先吸後呼再吸氣。同時先沉肩，開胸，突腹，鬆胯，圓襠，翻右臀沉左臀，屈右膝，再沉肩墜肘，含胸塌腰，鬆胯，合襠，斂臀，屈膝。

同時左腿先略順纏，膝裡扣，腳掌踏實，五趾抓地，湧泉穴要虛，再逆纏裡轉，以腳跟為軸（身法大）腳尖擦地裡勾，再順纏外轉以腳跟為軸，腳掌擦地，腳尖向外轉斜向左外約30度，腳掌踏實，五趾抓地，湧泉穴要虛。同時右腳先逆纏裡轉，再順纏外轉，膝裡扣，再逆纏裡轉（當左腳踏實後），再腳跟提起腳尖擦地向左腳右前方上步，虛步腳尖點地。

同時左拳裡勾折腕，略逆纏略向前上接勁變掌順纏外後折腕略屈肘，帶動身體向右後上（高與鼻尖同，位在鼻尖前）挒，再變逆纏裡轉下沉到腹前（拳心向下），再向前上（屈臂半圓，高與胸同）掤出，然後再順纏以中指尖向前上（高與眼同）掌心向右抖出，變逆纏屈肘裡轉下沉，合於右肘彎處。掌心向下，指尖向右轉合右肘彎上。

同時右拳由胸前略下裡勾折腕向前上略順纏接勁變掌逆纏，向側外上方領勁（高與眼同），變順纏由身右下沉屈臂至右膝右側上，再繼續順纏（帶右腳）向前上展出（臂肘略屈下沉與左手相合上），掌心向上偏前，指尖偏前下，高與胸同。眼瞻前顧後再看前，耳聽身後（圖47-1，圖47-2，圖47-3，圖47-4）。

【要領】動作包括前金剛搗碓一勢中動作三的一部分，動作四、五的兩個動作。練時雙手接勁要快，將下沉

圖 47-1　　　　　　　　　　　　圖 47-2

圖 47-3　　　　　　　　　　　　圖 47-4

再向前上胸前掤出時要穩略慢。左手順纏向前抖出時要快，左手與右肘相合時略慢。要求動作運勁以腰為主宰，結合丹田帶勁，雙手領勁，身體隨手轉，兩肩不要亂晃。

圖 47-5　　　　　　　　　　　圖 47-6

動作二、三、四練法與前第二式金剛搗碓動作四、五、六練法相同，方向相同故省略（圖47-5，圖47-6）。

第四十八式　收　勢

【動作】分兩種練習方法

第一種練習方法：身體漸漸起立，兩膝微屈。同時兩手放鬆逆纏裡轉，由腹前分向左右兩側自然下垂，掌心都向大腿。同時氣沉丹田，恢復預備式姿勢（圖48-1，圖48-2）。

第二種練習方法：

① 鬆胯屈膝，左腿逆纏，右腿順纏，身體往右轉45度；同時兩手粘連雙順纏由腹部微微向上，吸氣（圖48-1）。

鬆胯屈膝，右腿逆纏，左腿順纏，身體往左轉45度；

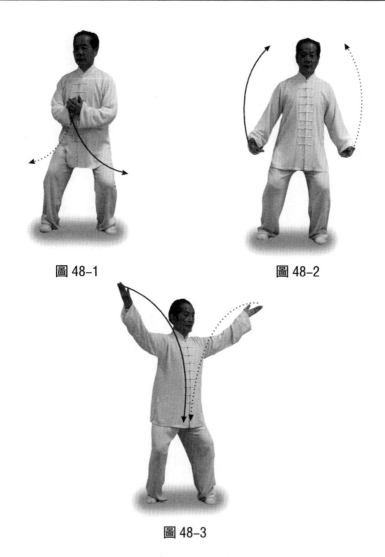

圖 48-1　　　　　　　　　　　圖 48-2

圖 48-3

同時兩手逆纏下沉分至兩跨旁，呼氣（圖48-2）。

　② 身體繼續左轉45度，兩手逆變順纏由身兩側弧形向上托起至頭上兩旁，吸氣（圖48-3）。

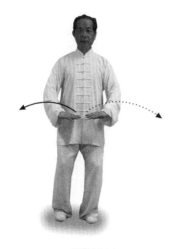

圖48-4

圖48-5

　　鬆胯屈膝，左腿逆纏，右腿順纏，身體往右轉45度；同時兩手順變逆纏，經頭部裡合下沉至小腹前，呼氣（圖48-4）。

　　③ 身體繼續右轉45度，兩手順纏向兩側開掤。吸氣（圖48-5）。

　　鬆胯屈膝，右腿逆纏，左腿順纏，身體往左轉45度；同時左腿向右腿併攏，兩手逆纏裡合至小腹前，呼氣（圖48-6）。

　　④ 意氣下沉至腳底，兩手鬆沉至兩跨旁，神恬氣靜，安然結束（圖48-7）。

　　【要領】練完後應感到氣運全身，鬆沉至丹田，呼吸自然，津液下咽，意想沉至丹田，以達到健身補腎的作用，如果發生氣喘現象，則應檢查運動時是否放鬆以及呼氣與動作配合的是否自然。

圖 48-6　　　　　　　　圖 48-7

　　第一種練法是傳統的收勢，第二種練法適合於精選套路。在運動強度較大時，較易調整身心。做此動作時，要求五趾抓地，腳心空。意氣導引，一是小的升降調整，二是大的升降調整，三是開合調整。但每個動作都不是單一的運動，都要注意旋轉、開合、折疊、出入，達到精神、軀體和諧如一的地步。

後　　記

　　終於寫完了這本小書。過去想寫，是為了記憶，怕忘。偶有心得也想寫，幸虧沒寫成，因為回頭一看，終是膚淺。如今在提倡全民健身的形勢下終於寫出，不管怎樣，介紹個套路和大家一起樂樂吧。

　　真寫起來，也是茫然。如果僅是自己看，怎麼都行，我自己看嘛！可是要大家看，我卻不知如何了。可能是年輕人看，也可能是老先生看；可能是初學者看，也可能是行家看。不管怎樣，總是不能面面俱到，只好如此吧！

　　單練某一個動作和放在套路裡練是有些差別的，每個動作都有正著和變著。練單個的動作可迅速地提高功力，練套路則可提高整體的素質。讀者可各取所需。

　　陳鑫有言：落在紙上，皆成糟粕。何況我業餘之白丁！

　　誠能有於糟粕中擇取一二者，亦當幸甚，尚有後續而補缺。

大展好書　好書大展

品嘗好書　冠群可期